汽车4S店

文书写作
讲稿撰写
活动策划

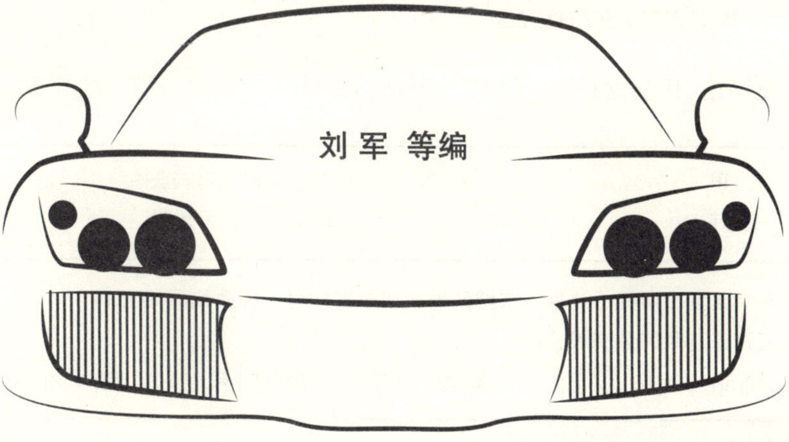

刘军 等编

化学工业出版社

·北京·

本书精心挑选了汽车4S店日常工作中使用频率最高、接触机会最多的文书种类，从文书写作、讲稿撰写和活动策划三个维度，全面、系统地介绍了文书的种类，文书的基本格式，文书的写作要求，讲稿的特征、类型和撰写技巧，以及活动策划的内容与实施技巧等，并提供了大量经典范例，以帮助读者真正做到学以致用，快速、有效地提高文书写作水平。

本书适合汽车4S店管理人员、文秘、高校师生、培训师和管理咨询人员等阅读和使用。

图书在版编目（CIP）数据

汽车4S店文书写作·讲稿撰写·活动策划/刘军等编.
北京：化学工业出版社，2017.9
ISBN 978-7-122-30317-2

Ⅰ.①汽… Ⅱ.①刘… Ⅲ.①汽车-专业商店-应用文-写作 Ⅳ.①F717.5②H152.3

中国版本图书馆CIP数据核字（2017）第181315号

责任编辑：辛 田　　文字编辑：冯国庆
责任校对：宋 玮　　装帧设计：尹琳琳

出版发行：化学工业出版社（北京市东城区青年湖南街13号 邮政编码100011）
印 装：三河市延风印装有限公司
787mm×1092mm 1/16 印张13½ 字数271千字 2018年1月北京第1版第1次印刷

购书咨询：010-64518888（传真：010-64519686） 售后服务：010-64518899
网 址：http://www.cip.com.cn
凡购买本书，如有缺损质量问题，本社销售中心负责调换。

定 价：48.00元

前言
FOREWORD

近年来国内新车销量的不景气，以新车销售为主要利润来源的汽车4S店的发展前景成为了业界关注的焦点。有人认为，在汽车电商的冲击之下，未来国内汽车4S店的销售模式会最终退出历史舞台；也有人认为，未来国内汽车4S店通过不断的变革会长期存在下去。我们倾向于第二种观点，认为未来国内汽车4S店并不会消亡，虽然当前汽车电商成为了业界的热点，但无论是哪个电商平台，其真实的平台交易数据可能并没有其宣传得那么好，加上我国目前的信用体系还不完善，普通消费者“眼见为实”的观念还很普遍，汽车4S店还有其存在的价值。虽说汽车4S店不会消亡，但还是要给汽车4S店的管理者敲响警钟，在汽车电商的强力冲击下，要寻求新的发展模式，必须重视内部规范管理和市场营销的作用，把工作的重点逐步转移到内部规范、研究市场与活动策划上来。同时，作为汽车4S店的管理者，不仅仅要有管理能力和组织能力，也要有过硬的文书写作能力、讲话能力、活动策划能力等。

文书是汽车4S店为适应市场经济的发展，及时解决内部管理问题，协调处理经济业务活动，以及其他各种对内对外关系的需要而形成的一系列规范性文体。不断改进和规范常用文书处理工作是企业管理工作规范化的基本要求，也是企业提高办事效率和工作质量，维护企业正常生产和工作秩序，促进企业发展的重要保证。本书结合汽车4S店的特点，对该行业常用的请示、报告、函、通知、总结、计划、会议纪要、简报等做了较为详细的描述，列举了大量的典型范例，方便读者拿来即用。

讲稿撰写属于一种授命写作，也就是“命题作文”，内容往往带有全局性、综合性、指导性和思想性。讲稿撰写能力主要表现为对资料的分析总结能力、领导思想的领悟能力以及文字的处理能力。汽车4S店领导经常在各种场合进行讲话，所以讲稿的撰写十分重要。本书对讲稿的特征、类型以及撰写技巧做了全面讲述，列举了大量实用的案例，帮助读者快速掌握讲稿撰写的技巧。

活动策划是汽车4S店行业一般都会遇到的工作，大到举办年会，小到员工生日，都需要一套完整的策划方案、一个严谨的活动流程。活动策划书的撰写，与文书写作和讲稿撰写同样有许多相似之处，如要求条理清晰、内容全面、格式规范。本书结合汽车4S店行业的特点，重点对庆典活动、大型车展活动的策划进行了深入分析，对活动的特点、策划的准备工作、实施技巧等进行了详细讲述，并引用了大量的实用案例，帮助读者快速掌握各种活动策划的技巧。

本书脉络清晰，定义明确，资料新颖，范例翔实，涉及面广，通俗易懂，实用性强。

本书在编写过程中，得到了汽车4S店、汽车生产厂家培训老师以及许多朋友的帮助和支持，其中参与编写和提供资料的有刘军、李军、杜逸夫、赵明、范寅兴、张建均、刘施材、刘建伟、刘海江、周亮、杨冬琼、赵仁涛、杨吉华、李冰冰、赵建学、江美亮、龚财鑫、李浩、唐乃勇、孟照友、柳春平、况平、张凯、张立冬、唐晓航、许丽洁、康小伟，最后全书由滕宝红审核完成，在此对他们一并表示感谢。

在本书的编写过程中，参考了很多同类书籍。同时，加之笔者水平有限，不足之处在所难免，还请读者提出宝贵意见和建议。

编者

目录
CONTENTS

第一部分　文书写作

第二部分　讲稿撰写

第三部分 活动策划

第一部分　文书写作

第一章 汽车4S店文书写作概述

第一节 汽车4S店文书写作的作用和种类

一、汽车4S店文书写作的作用

汽车4S店文书写作与其他文本的撰写一样，其作用和最终目的都是为了与别人进行某种形式的交流和沟通。需要强调的一点是，沟通并不仅仅是指所传递出的信息，而是指被别人所理解的信息。如果理解了这一点，就可以认识到，在日常工作及生活中大家所普遍谈及的所谓“沟通的障碍”，其实就是来自于简单传递的单向沟通。

因此，在汽车4S店文书写作方面最为重要的一点就是要避免陷入单向沟通的误区，时刻站在读者的角度来思考问题并形成最后的文字表现，让文书接收方能够正确理解自己的意图，这样才能发挥出文书的沟通作用。

二、汽车4S店文书的分类

在汽车4S店的实际工作中，需要多种文书类别，根据其形式和内容用途可以大致将其划分为以下的类型。

1. 按形式来划分

以形式作为划分标准，汽车4S店文书可以大致分为以下两类，如图1-1所示。

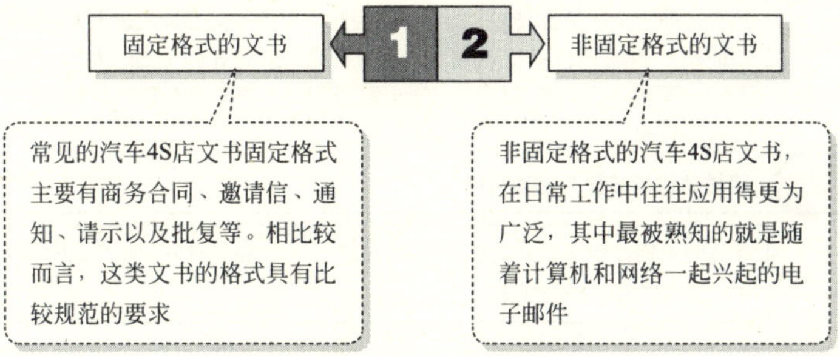

图1-1　按形式来划分文书种类

2. 按内容用途来划分

以内容和用途作为划分标准，汽车4S店文书可以分为以下两类，如图1-2所示。

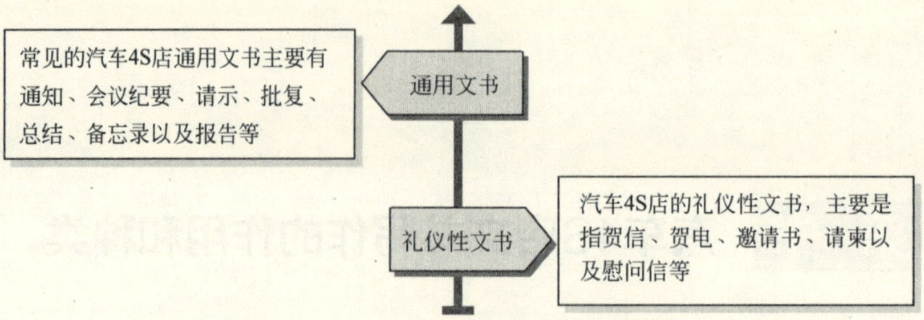

图1-2　按内容用途来划分文书种类

第二节　汽车4S店文书写作的步骤

在汽车4S店文书写作时应按照以下六个步骤进行。

步骤一：制订正确的行动目标

在撰写汽车4S店文书之前，首先应该确定该文书的行动目标，即希望该文书的阅读对象在收到文书之后采取怎样的行动。这里有两个要点，如图1-3所示。

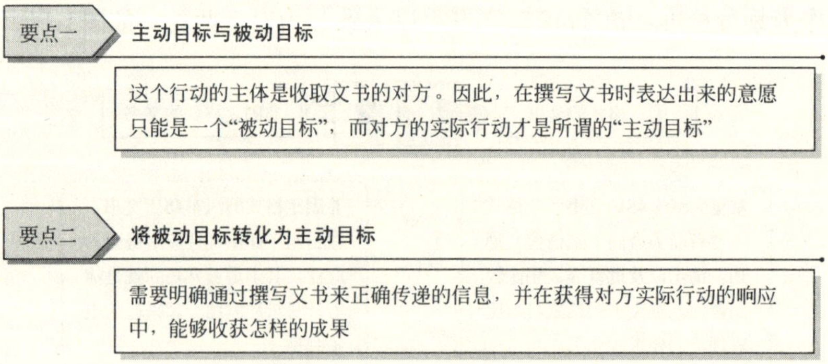

图1-3　制订行动目标的要点

步骤二：决定文书的正式程度

文书的正式程度表现在形式、称谓和语气等方面，如图1-4所示。

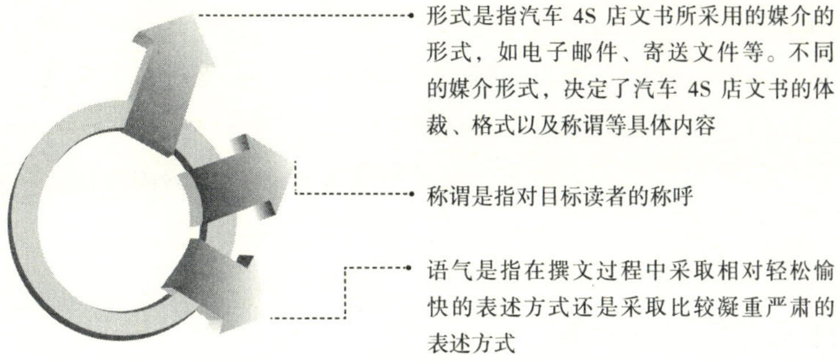

图1-4　文书正式程度的表现

步骤三：设定文章的总体风格

1.把握总体风格

对汽车4S店文书总体风格进行判断和把握时，可以从两个方面着手：一是沟通的内容是否在目标读者的资源及能力范围之内；二是双方是否相互认可。这两个方面的因素共同决定了对汽车4S店文书总体风格的最终选择。文书总体风格如图1-5所示。

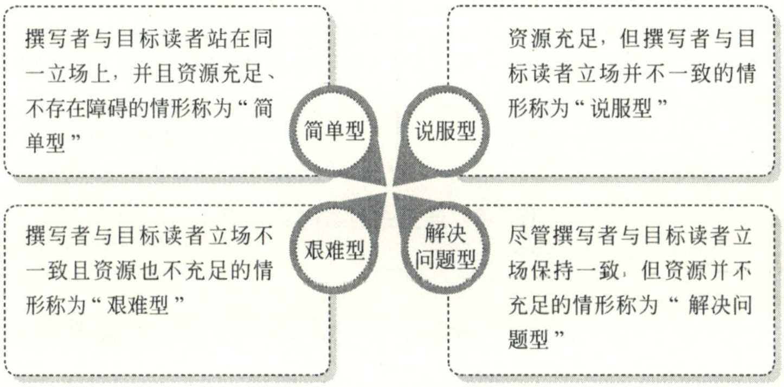

图1-5　文书总体风格

2.总体风格的设定

根据以上文书风格的判定结果，可以按照以下方式来把握汽车4S店文书的总体风格。

（1）简单型　如果是简单型文书，其总体风格就以罗列事实为主。因为这类文书的行动目标对于目标读者而言难度并不大，并且在立场上与对方也持相同的态度，所以这类文书只需告诉目标读者有这样一件事情即可，在篇幅上可以相对简短。

（2）说服型　如果是说服型文书，由于其行动目标与目标读者的初衷并不一致，撰写者需要通过文书来使目标读者改变原来的想法或者认识，所以尽管资源状况是充足的，仍然需要与目标读者进行反复多次的沟通才能达到目标。因此，这类文书通常篇幅较长，并且需要突出强调撰写者的利益所在，在文书中充分展示出自己观点或者想法的优势，以达到转变目标读者立场的目的。

（3）解决问题型　解决问题型的文书通常运用于员工与领导进行沟通并且意见并不一致的时候，其总体风格是有问有答且篇幅较长。换言之，在这种类型的文书中，撰写者运用将问题和答案打包的形式向目标读者提供解决方案。

（4）艰难型　艰难型文书在资源和立场两个方面都遇到了障碍，因此达到有效沟通的成功概率会很小。

步骤四：选择文章的层次结构

汽车4S店文书的层次结构是非常重要的，主要类型包括以下五个方面。

1.连贯式

所谓“连贯式”是指汽车4S店文书的层次结构按照事情发展的时间顺序来展开，其包括两个要点，具体如图1-6所示。

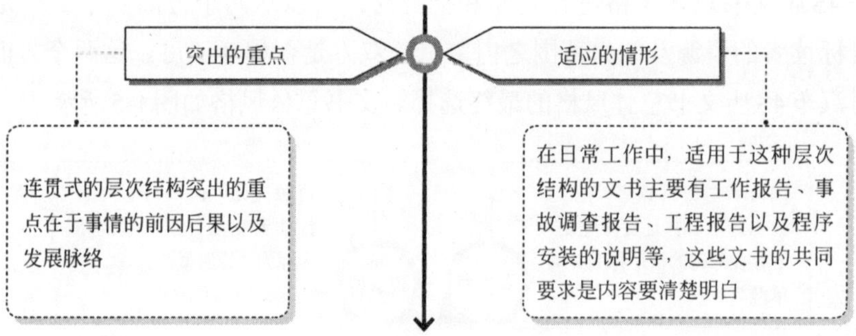

图1-6　连贯式的结构要点

2.并列式

所谓“并列式”是指汽车4S店文书中层次与层次之间是并列的关系，其包括两个要点，具体如图1-7所示。

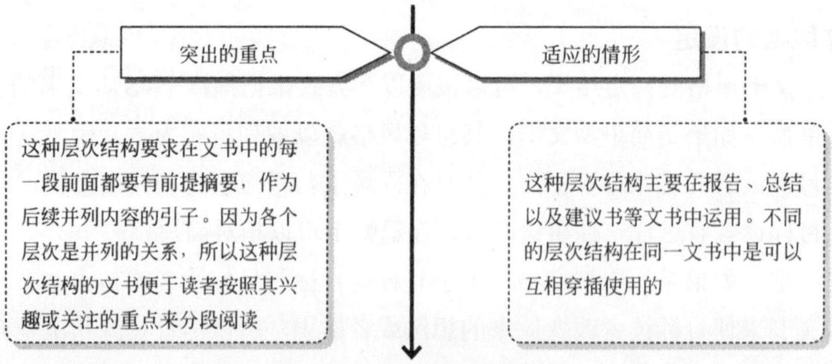

图1-7　并列式的结构要点

3.分析问题式

所谓“分析问题式”是指文书的写作从问题的出现直到最终解决，依照逻辑关系而展开的一种层次结构。在实际的工作环境中，出于不同的需要，分析问题式文书的层次结构有如图1-8所示的四种类型。

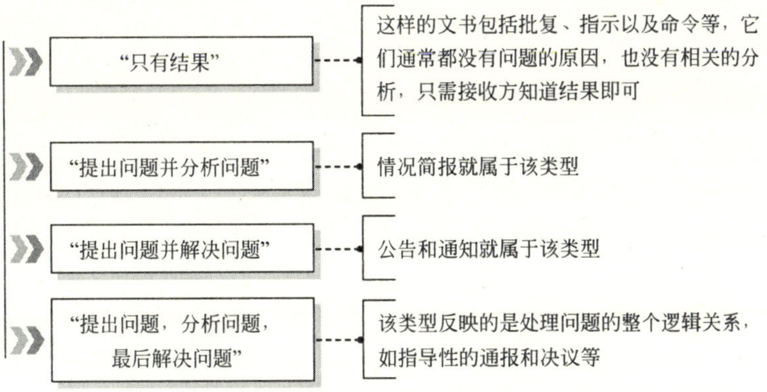

图1-8 分析问题式文书的层次结构的四种类型

4.问答式

所谓"问答式"是指运用问答的形式来组织汽车4S店文书的撰写。问答式的结构要点如图1-9所示。

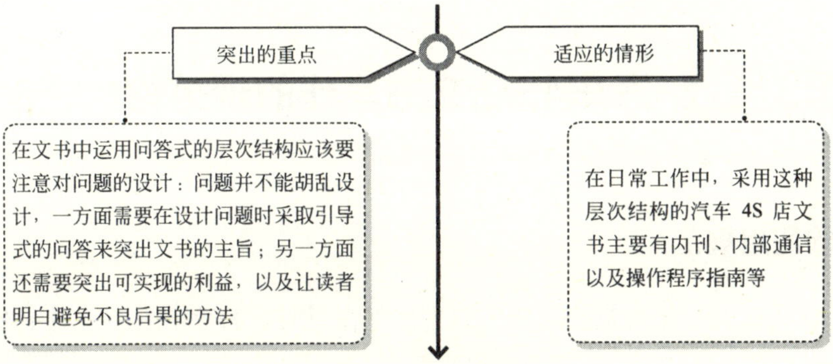

图1-9 问答式的结构要点

5.行动结果式

所谓"行动结果式"是指在文书中先提出问题，后突出结果，以及结果的实现方式的一种层次结构。

步骤五：列出文章的大纲

在明确了汽车4S店文书的行动目标、正式程度、总体风格以及层次结构之后，就要列出文章的大纲。

1.列出大纲的目的

列出大纲的过程实际上就是一个建立自己思维次序的过程。在撰写次序确立了之后，具体内容的行文就是水到渠成的事情了。

2. 具体的做法

通过以下两种方法可以有序地组织思路。

（1）提纲法　提纲法是很常见的一种方法，实际上就是围绕汽车4S店文书的核心主旨，按照时间的顺序以及逻辑关系将主要内容全都罗列出来，然后再填充具体的内容。

（2）辐射法　辐射法是一种发散的思维方法，即撰写者从一个中心点出发，将联想到的东西或者想法都体现出来。在这个过程中，一开始不必去考虑其是否具有价值以及整理这些想法的内在逻辑关系，当所有的想法都呈现出来之后，再将它们梳理清楚。

辐射法又叫“脑力激荡法”或者“头脑风暴法”，其优点在于不会漏掉任何一个想法。

步骤六：撰写初稿

当以上五个步骤顺利完成后，撰写初稿就已经变得相对简单了。当然，初稿撰写完成之后，撰写者还应该进行细致的校对，以使文书更加规范和生动。

第三节　汽车4S店文书写作的规范性

一、数字的使用规范

对汽车4S店文书写作规范性的要求首先体现在所应用的数字方面。对于在汽车4S店文书中应用的数字，有以下的使用规范和要求。

1. 数字要真实准确

体现在文书中的数字通常对实际工作有着极大的指导作用，因此其中所引用的数字与数据必须是真实、准确的。

2. 各个分数之和与总数相等

各个分数之和与总数相等也是运用数字的基本要求之一。

3. 统计口径一致

在汽车4S店文书中引用数字的统计口径也是非常重要的，不同统计口径的数据放在一起是没有任何意义的；只有在统计口径一致的前提下，才能进行数据之间的对比。

4. 列举数字有可比性

除了明确数字比较的基准之外，根据我国公文写作的法规规定，按惯例“××以上”以及“××以下”都包含该数字在内。

5. 注意倍数关系

在汽车4S店文书中，数字之间的倍数关系反映在“降低”“降低了”以及“降低到”等表示数字变化的用语上。需要强调的是，“降低70%”表达的是，原来为100%，现在变为30%；而“降低到70%”则不同，它表示原来为100%，现在变为了70%。

6. 分清楚汉字与阿拉伯数字的使用场合

汉字与阿拉伯数字的使用是汽车4S店文书写作过程中需要注意的另一个问题，汽车4S店文书中的数字，除成文日期、部分结构层次叙述以及在词组惯用语、缩略语和具有修辞色彩语句中作为词素的情况必须使用汉字外，其他情况应当使用阿拉伯数字。

二、部分结构层次叙述的规范性

所谓的“部分结构层次叙述”，是对汽车4S店文书中的几级嵌套的分层次编号。在这个方面，具体要求如下。

① 结构层次的第一层，其层次编号用“一”“二”“三”……来表示。

② 结构层次的第二层，其层次编号用“(一)”“(二)”“(三)”……来表示。

③ 结构层次的第三层，其层次编号可以用阿拉伯数字“1.”“2.”……来表示。

④ 结构层次的第四层，其层次编号可以用“(1)”“(2)”“(3)”……来表示。

需要注意的是，文书的结构层次最好不要多于四级，否则有可能会给读者带来极大的不便。另外，还应该注意不要越级使用层次的编号。

三、计量单位的使用规范

对于计量单位也是有明确要求的，具体内容见表1-1。

表1-1 计量单位的使用规范示例表

项目	正确使用	错误使用
长度单位	千米、米、分米、厘米	公分、尺
功率单位	千瓦、瓦	马力
质量单位	吨、千克、克、毫克	斤、两
热能单位	焦耳	千卡
体积单位	升、毫升	公升、立升
土地面积单位	公顷、平方米	亩、平方丈

四、综合校对的注意事项

完成汽车4S店文书写作之后，还应该进行综合校对的过程。在这个过程中撰写者应该按照汽车4S店文书的各种规范要求来审视自己的文书，其中应注意如图1-10所示的事项。

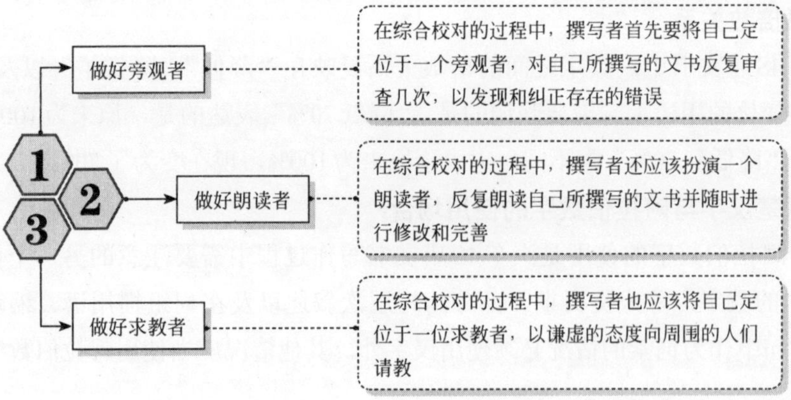

图1-10　综合校对的注意事项

五、词语的使用规范

在汽车4S店文书写作中，还应该特别注意词语的使用规范。其中，“等”和“等等”这两个词的用法尤其要分辨清楚。

① 表示列举未尽且后面再无其他词语的时候，“等”和“等等”都可以使用，而当后面有其他词语的时候则只能用“等”。

② 无论是“等”还是“等等”，其前面所列举的名词或词组一般都不得少于两项，但其中有一个特例，即前面这个词是一个专有名词或者人名时，可以只列举一个，后面用“等”来进行概括。

③“等”与其前面所列举的名词或词组之间不能出现停顿，而“等等”与前面的词语之间可以用逗号隔开。

六、标点符号的使用规范

标点符号的使用会对汽车4S店文书的写作产生重大的影响，如果使用不当或者错误，则很有可能造成理解上的偏差或歧义。

1.标点符号的种类

标点符号实际上分为点号和标号两大类。

（1）点号　点号包括“句末点号”和“句内点号”两种。句号、问号和叹号表示一种停顿和语气，通常放在句子最后，称为“句末点号”；而逗号、顿号、分号和冒号表示句内停顿，称为“句内点号”。

（2）标号　标号包括以下九种。

① 引号，又可分为单引号和双引号。

② 括号，在文书写作范围内我国常用的括号主要有三种，即圆括号“()”、方括号“[]”和六角括号“〔〕”。

③ 破折号。

④ 省略号。

⑤ 着重号，用于在需要突出的内容下用点做出标记。

⑥ 连接号，即两个同类词语中间的短线，如秦岭-淮河。

⑦ 间隔号，通常用于西方人名之间，如迈克尔·乔丹。

⑧ 书名号，又可分为单书名号和双书名号。

⑨ 专名号，即用于特定文学作品名称下边的横线。

2.具体的用法

有关几个常见的、容易出错的标点符号的问题，进行以下的辨析。

（1）反问句的标点符号　在反问句的末尾是用问号，还是感叹号？对于这个问题不同的人有不同的意见，在这里笔者认为两种选择都是可以的，只是适用问号和感叹号的情形并不相同。在同一个反问句中，需要表现特别强调的语气时用感叹号，而当所表现的语气不太强烈时则使用问号。

（2）引号的用法　在使用引号的时候，需要注意以下情况。

① 对非法规性文件，应用引号加以强调而不用书名号。例如，准发××省××市“关于新能源汽车推广应用财政支持政策”。

② 特定称谓用引号。例如，“渤海二号”钻井平台“神舟六号”等。

③ 缩略语可以用引号。例如，“农转非”（即农业户口转非农业户口的缩写）。

④ 需要着重论述的对象用引号予以标识。例如，有物就是要有内容，有序就是要有条理，那么加上引号变为“有物”和“有序”之后，就是表明作者分别强调说明有物和有序。

（3）括号的用法　括号可以表示一个文件的成熟程度，例如某一政府文件是试行办法还是最终的版本，可用括号在文件名称后说明，如《××市鼓励购买和使用新能源汽车暂行办法（试行）》。

（4）省略号的用法　省略号表示的是引文的省略、列举的省略或者说话断断续续的状态。需要特别注意的是，省略号不能与“等”以及“等等”这些词语一起使用。

3.标点符号的点放位置

关于标点符号的点放位置，需要注意以下几点。

① 点号可以放在一行文字的末尾，但是不可以放在一行文字的开头。换言之，点号要紧跟前面的文字，而不要把它单独放到下一行。

② 标号中的引号、括号和书名号，不能一半放在一行文字的末尾，一半放在一行文字的开头。

③ 标号中的省略号和破折号，不可以一半在前一行文字中而另一半在后一行文字中。

④ 引文结尾处的句号和引号，如果引用语是作为一个独立整体存在，则句号在先；反之，则句号在后。

第二章 汽车4S店文书的格式和作用

第一节 一般文书格式

根据《党政机关公文处理工作条例》（中办发〔2012〕14号）和《党政机关公文格式》（GB/T 9704—2012）规定，一般文书格式由份数序号、秘密等级和保密期限、紧急程度、发文机关标识、发文字号、签发人、标题、主送机关、正文、附件说明、印章、成文日期、附注、附件、主题词、抄送机关、印发机关、印发日期等要素组成，平行文和下行文格式一般由除签发人以外的上述其他各要素组成。一份完整的文书分为版头、主体、版记三部分。置于文书首页红色反线（又称“间隔线”）以上的各要素统称文书眉首；置于红色反线以下至主题词之间的各要素统称文书主体；置于主题词以下的各要素统称文书版记。

一般文书格式各部分的要素及其编排顺序、标识规则如下。

一、版头部分

版头部分又称文头、眉首，包括份数序号、秘密等级和保密期限、紧急程度、发文机关标识、发文字号、签发人等要素，具体内容如表2-1所示。

表2-1 版头要素

序号	名称	要点
1	份数序号	（1）份数序号即该份文件印制份数的顺序编号，6位阿拉伯数字顶格编排在版心左上角第1行，用黑色标注 （2）涉密文书一定要标注份号，如果发文机关认为有必要，也可对不涉密文书标注份号
2	秘密等级和保密期限	（1）秘密等级是指文书内容涉及秘密程度的等级。秘密等级分为“秘密”“机密”和“绝密”三级 （2）保密期限即对文书保密期的规定，至保密期限之后文书自行解密。保密期限标识一般以日、月、半年、年为时间段 （3）如需标注秘密等级和保密期限，一般用三号黑体字，顶格编排在版心左上角份号之下；保密期限中的数字用阿拉伯数字，秘密等级和保密期之间加“★”。如秘密等级为机密、保密期限1年，则标识为“机密★1年”
3	紧急程度	（1）紧急文书应当根据紧急程度分别标明“特急”“加急” （2）电报格式的文书紧急程度分为四级，从急到缓依次为特提、特急、加急、平急 （3）如需标注紧急程度，一般用三号黑体字，顶格编排在版心左上角；如需同时标注份号、密级和保密期限、紧急程度，应按照份号、密级和保密期限、紧急程度的顺序自上而下分行排列
4	发文机关标识	（1）发文机关标识俗称文件红头 （2）由发文机关全称或者规范化简称后加“文件”两字组成，一般采用红色小标宋体，居中均匀排列 （3）发文机关标识上边缘距版心上边缘35毫米 （4）联合行文时，主办机关名称在前，其他机关名称并列下方，右侧“文件”两字上下居中排布；不管联合行文机关有多少，都必须保证文书首页显示正文

续表

序号	名称	要点
5	发文字号	（1）发文字号又称文号，由发文机关代字、年份和序号组成。在发文机关标识下空两行居中标识。发文字号编排在发文机关标志下空两行位置，用三号仿宋体字。上行文左空一个字，下行文居中 （2）发文字号的书写顺序是机关代字、年份、序号，如“国统字〔××〕1号”表示国家统计局在××年度制发的第1号文。发文字号由本机关文书管理部门统一编写。年份、序号用阿拉伯数字标识；年份应标全称，用六角括号“〔〕”插入；序号不编虚位，不加“第”字。联合行文时只需标明主办机关发文字号。发文字号之下4毫米标一条与版心等宽的红色反线
6	签发人	（1）上报的文书需标识签发人姓名。这时发文字号标识在发文机关之下居左空一个字，签发人姓名平行居右空一个字。签发人用三号仿宋体字，签发人姓名用三号楷体字标注 （2）联合行文时有多个签发人，签发人姓名按发文机关的顺序排列从左到右、自上而下依次均匀顺排，一般每行排两个姓名，回行时与上一行第一个签发人姓名对齐，最后一个签发人姓名应与发文字号处在同一行，做到红色分隔线与其的距离为4毫米

二、主体部分

文书主体是文书的最主要部分，包括文书标题、主送机关、文书正文、附件说明、发文机关署名、成文日期、印章、附注等要素，具体内容如表2-2所示。

表2-2　文书主体要素

序号	名称	内容
1	文书标题	标题由发文机关名称、事由和文种组成。四个字以上（含四个字）机关联合行文时，标题中发文机关名称可简略。文书标题中除法规、规章名称加书名号外，一般不加标点符号。文书标题一般用二号小标宋体字，编排于红色分隔线下空两行的位置，分一行或多行居中排布；回行时要做到词意完整，排列对称，长短适宜，间距恰当，标题排列应使用梯形或菱形，换行时应避免词语分开引起歧义，文书标题中除法规、规章名称加书名号或特定词用引号外，一般不用标点符号，停顿用空格符或换行
2	主送机关	主送机关，又称“抬头”，指文书的主要受理机关。主送机关写在正文之前、标题之下（空一行），左侧顶格，后加全角冒号。主送机关应当使用全称或者规范化简称、统称。如主送机关较多时，应按其性质、级别或惯例依次排列，同类并列机关中间用顿号、类与类之间用逗号隔开。其排列顺序通常如下。 （1）按先地方机关后中央机关 （2）按党政军群（有关团体）顺序 （3）按发文内容的需要确定 若主送机关太多，则要注意必须保证首页显示正文。如主送机关名称过多而使文书首页不能显示正文时，可将主送机关名称移至版记中的主题词之下、抄送之上，标识方法同抄送机关
3	文书正文	正文是文书的主体和核心，用来表述文书的内容，正文紧接主送机关下一行，每自然段开头左侧空两个字，回行顶格。数字、年份不能回行。文书首页须显示正文。一般文书的首个盖章页应当同时显示正文、发文机关署名和印章。正文中标题字号按照文种结构层次依次可以用“一、”“（一）”“1.”“（1）”标注，一般一级标题用黑体字，二级标题用楷体，三级、四级和正文一样用三号仿宋体字
4	附件说明	（1）文书如有附件，应在正文下一行标识附件说明。附件说明包括“附件”两字和附件名称，“附件”前空两个字，后标全角冒号。如有两个以上附件，要以阿拉伯数字标识附件序号如下所示 附件：1.××××× 2.×××××

续表

序号	名称	内容
4	附件说明	（2）每个附件名称分行并列排列，附件名称后不加标点符号。如附件名称较长需回行时，下一行的左边第一个字应与上一行附件名称第一个字对齐。附件序号和名称应分别与正文后面所附的附件排列顺序和标题相一致，被批转、转发或以命令发布的文书，不应做附件处理，即不加附件说明 （3）附件是随同文书发出的有关文件和物品，是文书的组成部分。附件应与文书正文一起装订，并在附件左上角第1行顶格标识“附件”，有序号的应标阿拉伯数字序号；如附件与正文不能一起装订，应在附件左上角第1行顶格标识该文书的发文序号，并在其后标识“附件”或“附件”加序号。附件中若有子附件，一般附在其主附件后面，子附件说明只注明“附”字和附件名称
5	发文机关署名	（1）应当用发文机关全称或规范化简称。特殊情况如议案、命令（令）等文种需要由机关负责人署名的，应当写明职务 （2）单一机关行文时，发文机关署名在成文日期之上、以成文日期为准居中编排。联合行文时，应将各发文机关署名按发文机关顺序排列在相应位置，并加盖印章 （3）如发文机关署名较长，应使其右空两个字编排，并相应增加发文机关署名右空字数。不加盖印章的文书，单一机关行文时，在正文下空一行右空两个字编排发文机关署名，在发文机关署名下一行编排成文日期
6	成文日期	（1）成文日期即是文书的生效时间，是党政机关文书生效的重要标志 （2）成文日期确定的原则和标注位置有两种 ① 会议通过的决议、决定等以会议正式通过的日期为准，成文日期编排在文书标题之下，并写全年、月、日，用“()”括起来 ② 经机关负责人签发的文书，以签发日期为准（联合行文以最后签发的机关负责人签发的日期为准） （3）成文日期在文书正文或附件说明的右下方右空四个字编排，年份应标全称，月、日不编虚位。不加盖印章的文书，在发文机关署名下一行编排成文日期。成文日期在发文机关署名下一行和发文机关署名居中对齐
7	印章	（1）印章是文书生效的标志，是鉴定文书真伪最重要的依据之一。上行文一定要加盖印章。有特定发文机关标志的普发性文书可以不加盖印章。纪要不加盖印章 （2）单一机关行文时，印章端正、居中下压成文日期，使发文机关署名和成文日期居印章中心偏下位置，印章顶端应上距正文一行之内，不得出现空白印章。联合上行文，发文机关只署名主办机关时，可以只加盖主办机关印章。联合行文时，所有联署机关均须加盖印章 （3）联合行文时，各发文机关署名应按发文机关顺序整齐排列在相应位置，并在其上加盖印章，最后一个印章端正、居中下压发文机关署名和成文日期。印章之间应排列整齐、互不相交相切，每排印章两端不得超出版心，每排最多放三个印章
8	附注	附注一般是对文书的发放范围、使用时需注意的事项加以说明。请示件应当在附注的位置上标注联系人和联系方式。如有附注，居左空两个字加圆括号编排在成文日期下一行

三、版记部分

版记部分包括主题词、抄送机关、印发机关、印发日期、页码等。版记部分位于文书最后一页的底部，均在偶数页页面。版记中各栏目间用黑色实线隔开。

版记应置于文书最后一面，版记的最后一个要素置于最后一行。这样是为了方便阅读和查询。

版记中的分隔线与版心等宽，首条分隔线和末条分隔线用粗线，中间的分隔线用细线。

首条分隔线位于版记中第一个要素之上，末条分隔线与文书最后一面的版心下边缘重合。

版记要素如表2-3所示。

表2-3　版记要素

序号	名称	内容
1	抄送机关	（1）抄送机关是指除主送机关外需要执行或者知晓文书内容的其他机关，可以是上级、平级、下级及不相隶属的机关 （2）文书的抄送范围应当严格按照工作需要确定，不能滥抄，也不能错抄和漏抄 （3）在排列顺序上一般按机关性质和隶属关系确定，依照先上级、再平级、后下级的次序 （4）如有抄送机关，一般用四号仿宋体字，编排在印发机关和印发日期之上一行，左右各空一字编排。“抄送”两字后加全角冒号和抄送机关名称，回行时与冒号后的首字对齐，最后一个抄送机关名称后标句号。如需把主送机关移至版记，除将抄送两字改为主送外，编排方法与抄送机关相同。既有抄送机关又有主送机关时，应当将主送机关置于抄送机关上一行，之间不加分隔线
2	印发机关和印发日期	（1）印发机关是指文书的印制主管部门，一般是各党政机关办公厅（室）或文秘部门。发文机关没有专门的办公厅（室）的，发文机关就是印发机关 （2）印发机关和印发日期一般用四号仿宋体字，编排在末条分隔线之上，印发机关左空一个字，印发日期右空一个字，用阿拉伯数字将年、月、日标全，年份应标全称，月、日不编虚位（即不编01），后加“印发”两字 （3）版记中如有其他要素，应当将其与印发机关和印发日期用一条细分隔线隔开
3	页码	（1）一般用四号半角宋体阿拉伯数字，编排在文书版心下边缘之下，数字左右各放一条一字线；一字线上距版心下边缘7毫米。单页码居右空一个字，双页码居左空一个字 （2）文书的版记页前有空白页的，空白页和版记页均不编排页码 （3）文书的附件与正文一起装订时，页码应当连续编排

第二节　文书版式及其他有关规定

一、文书用纸和版心规格

根据国家标准规定，文书用纸一般采用国际标准A4型（210毫米×297毫米）；纸的规格一般为60～80克/平方米的胶版印刷纸或者复印纸。

文书版心规格为156毫米×225毫米（不含页码）。

文书页边距的具体规定如下：

上白边（天头）：37毫米±1毫米。

下白边：35毫米±1毫米。

左白边（订口）：28毫米±1毫米；

右白边（翻口）：26毫米±1毫米。

二、排版规格

文书排印，汉字从左至右横排，少数民族按其书写习惯排印。

正文用三号仿宋字（其字型高与宽为5.6毫米，下同），一般每页排22行，每行排28个字。行距（即字体高度加行间距离）以三号仿宋字距再加上三号仿宋体字的7/8倍（10.5毫米）为宜，一般为10毫米。

一般文书格式（平行文或下行文）的发文机关标识上边缘距版心35毫米，上行文的发文机关标识上边缘距版心上边缘80毫米。

眉首部分下方的红色“反线”（即间隔线）为实线，位于发文字号下方4毫米，红线粗1毫米，与版心同宽，一般长156毫米。

版记部分的横线为黑色实线，与版心同宽，一般长156毫米。

三、文书字号

文书的印刷字体，一般按发文机关标识、大标题、小标题、正文等顺序，依次从大到小选用。

发文机关标识推荐使用小标宋体字，用红色标识；发文机关标识字应以醒目美观为原则酌定，但一般应小于相关规定的标识字号，即应小于15毫米×22毫米。发文机关标识版记应由本机关的文秘部门统一规定，不要随意变动，以保证文书的权威性。

文书具体字体、字号要求如下。

① 文书标题用二号小标宋体字。

② 秘密等级和保密期限、紧急程度、主题词标识用三号黑体字，其中主题词词组用三号宋体字。

③ 正文、发文字号、主送机关、附件说明、成文日期、附注、附件、抄送机关、印发机关、印发日期、份数等，均为三号仿宋体字。

④ 签发人用三号楷体字。

⑤ 份数序号名称用三号半角黑体阿拉伯数字。

四、文书中表格

文书如需附表，竖表和横表都应在版心之间。横排的表格应将页码放在横表的左侧，单页码置于表的左下角，双页码置于表的左上角；单页码表头在订口一边，双页码表头在切口（也称翻口）一边。

五、页码

文书页码用四号半角白体阿拉伯数字标识，置于版心下边缘的下一行，数码左右各放一条四号一字线，一字线距离版心下边缘7毫米。单页码居右空一个字，双页码居左空一个字。空白页和空白页以后的页面不标识页码。

六、装订要求

文书应左侧装订。骑马订或平订的订位为两钉外订眼距书芯上下各1/4处，平订钉锯与书脊间的距离为3～5毫米。

第三章

汽车4S店行政文书写作

第一节 报告

一、报告的定义

报告的使用范围很广，一般按照上级部署或工作计划，每完成一项任务，都要向上级写报告，反映工作中的基本情况、工作中取得的经验教训、存在的问题以及今后工作的设想等，以取得上级领导部门的指导。

二、报告的特点

报告主要有五大特点，如图3-1所示。

1. 内容的汇报性：报告是指下级向上级领导或业务主管部门汇报工作，让上级领导掌握基本情况并及时对自己的工作进行指导，所以汇报性是“报告”的一大特点
2. 语言的陈述性：报告主要是向上级领导讲述做了什么工作，或工作是怎样做的，有什么情况、经验、体会，存在什么问题，今后有什么打算，对领导有什么意见、建议，所以行文上一般都使用叙述方法，即陈述其事，而不是像请示那样采用祈使、请求等方法
3. 行文的单向性：报告是下级单位向上级单位行文，是为上级单位进行宏观领导提供依据，一般不需要受文单位的批复，属于单项行文
4. 成文的事后性：多数报告都是在事情做完或发生后，向上级单位做出汇报，是事后或事中行文
5. 双向的沟通性：报告虽不需批复，却是下级单位以此取得上级单位的支持与指导的桥梁；同时上级单位也能通过报告获得信息，了解下级机关的情况，所以报告成为上级单位决策指导和协调工作的依据

图3-1　报告的特点

三、报告的种类

报告主要分为如下四大类。

1.汇报性报告

汇报性报告主要是下级单位向上级单位、执行单位向权力单位汇报工作、反映情况的报告。这种报告一般可分为两种类型。

（1）综合报告　这种报告是本单位、本部门或本地区、本系统工作做到一定的阶段，就工作的全面情况向上级写的汇报性的报告。其内容大体包括工作的进展情况、成绩或问题、经验或教训，以及对今后工作的设想。

综合报告具有全面、概括精炼的特点，具体内容如图3-2所示。

图3-2　综合报告的特点

（2）专题报告　这种报告是本单位、本部门或本地区、本系统就某项工作或某个问题，向上级领导部门所写的汇报性报告。专题报告的特点如图3-3所示。

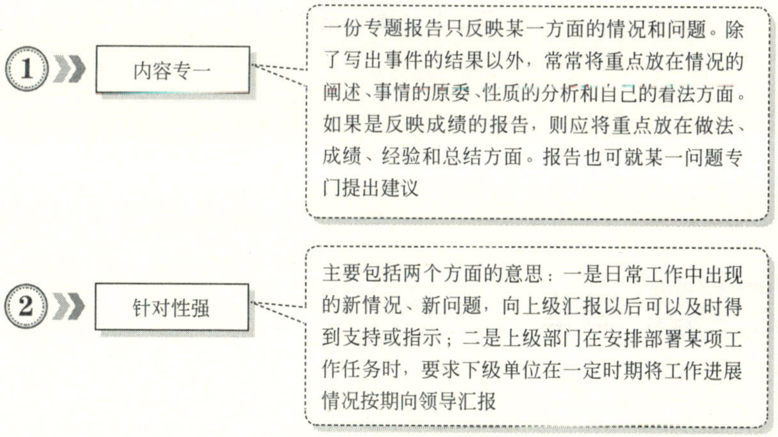

图3-3　专题报告的特点

汇报性报告主要便于领导掌握情况，为决策提供信息，除其中少数领导批转下发外，一般只予呈送，并不要求领导回答或批准什么问题。

2.答复性报告

答复性报告是针对上级领导部门或业务管理部门所提出的问题或某些要求而写出的报

告。这种报告要求问什么答什么，不涉及询问以外的问题或情况。

3. 呈报性报告

呈报性报告主要用于下级向上级报送文件、物件随文呈报的一种报告。一般是一两句话说明报送文件或物件的根据或目的，以及与文件、物件有关的事宜。

4. 例行工作报告

例行工作报告是下级单位或企事业单位，因工作需要定期向上级领导单位或业务主管部门所写的报告。例如，财务部门定期向业务主管部门和财政、税收、银行等业务指导单位所呈送的财务报表，包括日报、周报、旬报、月报、季报等。

四、报告的结构

报告的结构如图3-4所示。

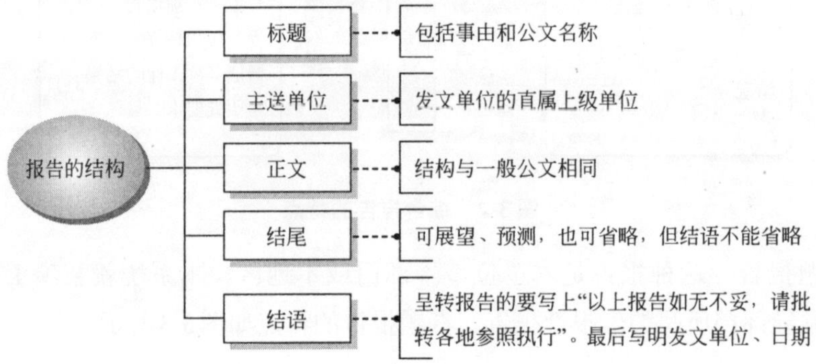

图3-4　报告的结构

第二节　公告

一、公告的定义

公告是行政公文的主要文种之一，公告是宣布重要事项或者法定事项时使用的公文。

二、公告的特点

公告有如图3-5所示的四大特点。

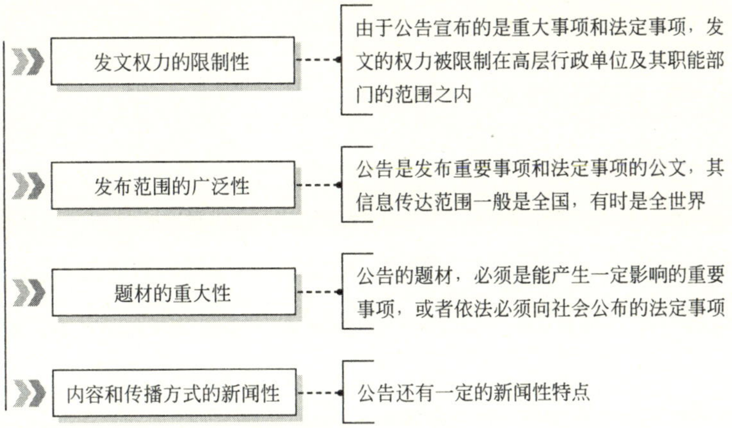

图3-5 公告的特点

三、公告的结构

公告由标题、正文和落款三部分组成。

1.标题

公告标题有三种形式，具体如图3-6所示。

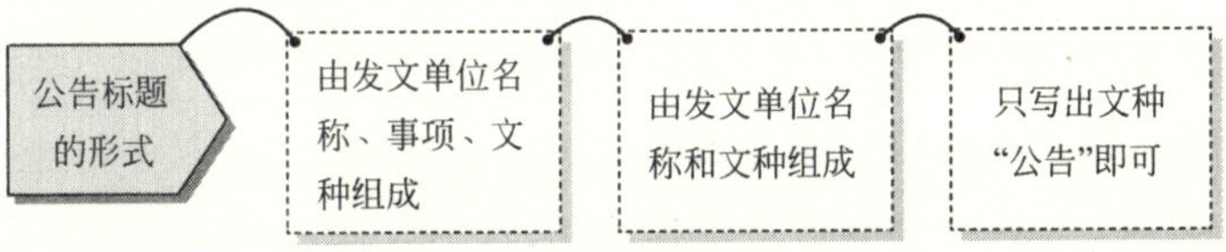

图3-6 公告标题的形式

2.正文

公告的正文一般包括因由、事项和结语三部分内容，具体如图3-7所示。

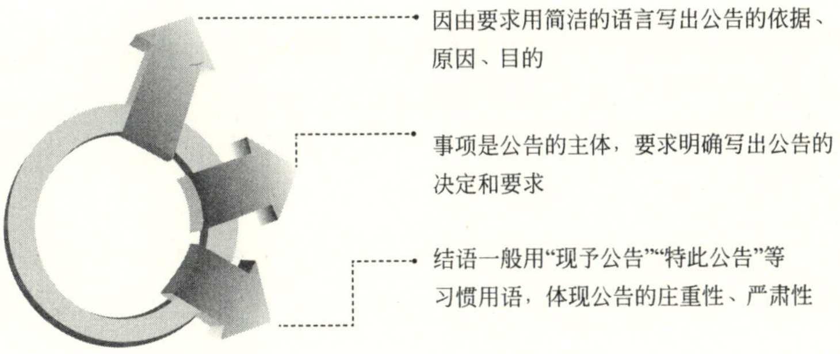

图3-7 公告的正文

3.落款

公告的落款要求写出发布单位的名称和年、月、日。如果单位名称已在标题中出现，在落款处也可不写，只写年、月、日，或年、月、日写在标题的下方、正文的上方。

四、注意事项

撰写公告的注意事项如图3-8所示。

事项一：由于公告涉及面广，撰写时要注意：事理周密无漏洞，条理清楚不啰唆，语言通俗不鄙俚，文风严肃不做作。做到易读易懂易知

事项二：公告所公布的为重要或重大事项，而且常以报纸、广播、电视、张贴等形式公开发表，所以写作时，要直陈其事，一事一告，就实公告；语言要严肃庄重，不发议论，更不能抒情

事项三：公告一般不编号，但当某一次会议或某一专门事项需要连续发布几个公告时，则应在标题下单独编号

图3-8　撰写公告的注意事项

【范本】××汽车4S店招标公告

××汽车销售服务有限公司汽车4S店施工招标工作已按规定程序到××市相关部门办理了招标备案，现决定对该工程的施工进行公开招标，择优选定施工单位。

1.本次招标的工程项目如下。

（1）建设单位：××汽车销售服务有限公司。

（2）项目名称：××汽车销售服务有限公司汽车4S店。

（3）工程规模：××平方米。

（4）计划投资：××元。

（5）资金来源：自筹。

（6）招标范围：施工图纸内全部工程。

（7）建设地点：××市××区××街道××路北侧。

（8）工程质量：合格。

（9）计划开工日期：××年××月××日。竣工日期：××年××月××日。

2.投标保证金：人民币××元整。

3.投标企业及项目负责人资质要求：必须具有建设行政主管部门核发的钢结构工程专业承包企业二级以上（含二级）资质，项目负责人的资质为相关专业注册建造师二级以上（含二级）。

4.凡具备上述条件并对本工程有意向的投标人，请于××年××月××日17时前在网上报名。××建设工程招标有限公司将于××年××月××日至××年××月××日在网上发出招标文件和其他相关资料。每份招标文件为人民币××元，该费用无论中标与否都不予退回。

5.投标文件递交截止时间为××年××月××日14时，递交地点为××市招标投标服务中心四楼会议室。

6.开标时间：××年××月××日14时。地点：××市××区××街18号四楼会议室。

7.本项目投标的其他有关事宜，请与招标人或招标代理人联系。

特此公告。

招标人：××汽车销售服务有限公司

地　点：××市××区××路中段

联系人：××

联系电话：××××××

招标代理人：××建设工程招标有限公司

地址：××市××区××北路××号

联系人：××

联系电话：××××××

××年××月××日

第三节 函

一、函的定义

函是指适用于不相隶属单位之间商洽工作、询问和答复问题，或者向有关主管部门请求批准事项时所使用的文书。

函的使用范围极广，使用频率高，是文书中的一种常用文体。具体来说，函的用途主要包括四个方面，具体如图3-9所示。

二、函的特点

函有三个特点，具体如下。

1.沟通性

函对于不相隶属单位之间相互商洽工作、询问和答复问题，起着沟通作用，充分显示了平行文种的功能，这是其他文书所不具备的特点。

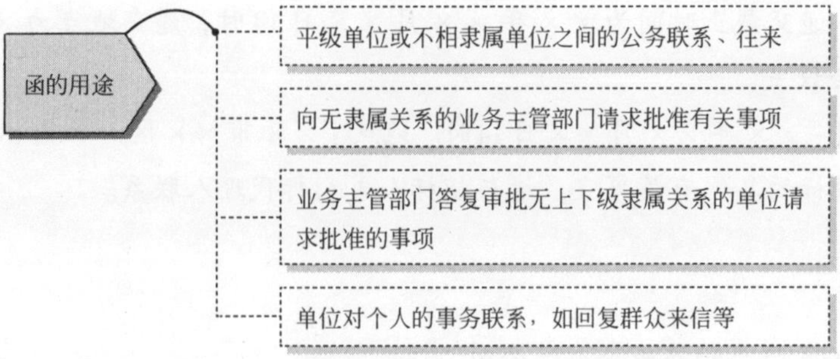

图3-9　函的用途

2.灵活性

函的灵活性体现在两个方面，具体如图3-10所示。

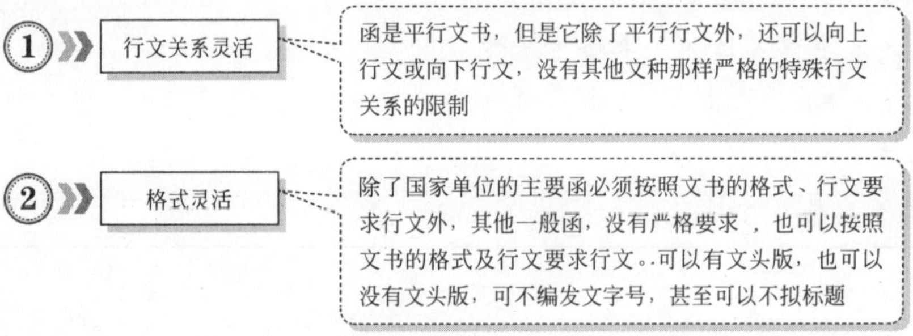

图3-10　函的灵活性

3.单一性

函的主体内容应该具备单一性的特点，一份函只宜写一件事项。

三、函的种类

函可以从不同角度进行分类，具体如下。

1.按性质分

按性质分，函可以分为公函和便函两种。

① 公函用于单位正式的公务活动往来；便函则用于日常事务性工作的处理。

② 便函不属于正式文书，没有文书格式要求，甚至可以不要标题、不用发文字号，只需要在尾部署上单位名称、成文时间并加盖公章即可。

2.按发文目的分

按发文目的分，函可以分为发函和复函两种。

① 发函即主动提出公事事项所发出的函。

② 复函则是为回复对方所发出的函。

3.从内容和用途上

从内容和用途上看，函可以分为商洽事宜函、通知事宜函、催办事宜函、邀请函、请示答复事宜函、转办函、催办函、报送材料函等。

四、函的结构

由于函的类别较多，从制作格式到内容表述均有一定的灵活机动性。这里主要介绍规范性公函的格式、内容和写法。

公函由首部、正文和尾部三部分组成。其各部分的格式、内容和写法要求如下。

1. 首部

首部主要包括标题、主送单位两方面的内容。

（1）标题　公函的标题一般有两种形式：一种是由发文单位名称、事由和文种构成；另一种是由事由和文种构成。

（2）主送单位　即受文并办理来函事项的单位，于文首顶格写明全称或者规范化简称，其后用冒号。

2. 正文

正文结构一般由开头、主体、结尾、结语等部分组成。

（1）开头　即主要说明发函的缘由，一般要求概括交代发函的目的、根据、原因等内容，然后用“现将有关问题说明如下”或“现将有关事项函复如下”等过渡语转入下文。复函的缘由部分，一般首先引叙来文的标题、发文字号，然后再交代根据，以说明发文的缘由。

（2）主体　这是函的核心内容部分，主要说明致函事项。函的事项部分内容单一，一函一事，行文要直陈其事。无论是商洽工作、询问和答复问题，还是向有关主管部门请求批准事项等，都要用简洁得体的语言将需要告诉对方的问题、意见写清楚。如果属于复函，还要注意答复事项的针对性和明确性。

（3）结尾　一般用礼貌性语言向对方提出希望，或请对方协助解决某一问题、请对方及时复函、对方提出意见或请主管部门批准等。

（4）结语　通常应根据函询、函告、函商或函复的事项，选择运用不同的结束语，如“特此函询（商）”“请即复函”“特此函告”“特此函复”等。有的函也可以不用结束语。

3. 尾部

尾部一般包括署名和成文时间两项内容。

署名单位名称，写成文时间（即年、月、日），这两项都要加盖公章。

五、注意事项

函的写作，首先要注意行文简洁明确，用语把握分寸。无论是平行单位或者是不相隶属单位的行文，都要注意语气平和有礼，不要倚势压人或强人所难，也不必逢迎恭维、曲意客套。至于复函，则要注意行文的针对性与答复的明确性。

其次，函也有时效性的问题，特别是复函更应该迅速、及时，以保证公务等活动的正常进行。

撰写函应注意的问题，如图3-11所示。

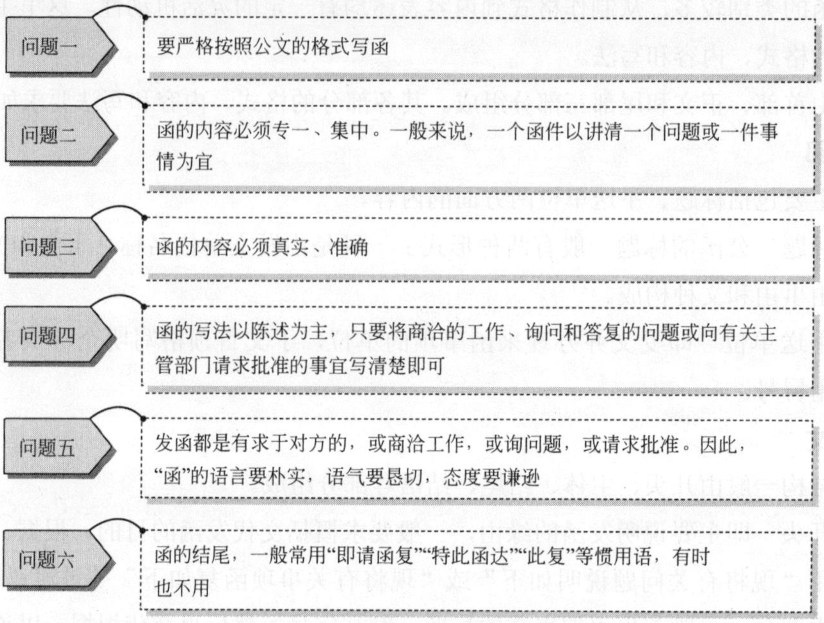

图3-11　撰写函应注意的问题

六、请示和请求批准函的区别

“函”在文书往来中使用比较广泛，其主要作用有两个方面：一是不相隶属的同系统部门之间询问和答复工作；二是请求平行或不相隶属的职能部门批准有关事项，不能用“请示”或“报告”，应使用“请求批准函”。

在撰写文书时，容易将“请求批准函”误认为就是“请示”或“报告”文种，在与平行或不相隶属的单位行文时使用“请示”或“报告”，是欠妥的。“请示”与“请求批准函”有严格的区别，主要体现在以下方面。

（1）类型不同　“请示”是上行文；“请求批准函”是平行文。

（2）主送单位不同　“请示”的主送单位是具有领导、指导关系的上级；“请求批准函”的主送单位是平行或不相隶属的职能单位。

（3）内容范围不同　“请示”是请求批准、指示；“请求批准函”是请求批准某项职能事项。

（4）行文语气不同　“请示”的用语应尊敬上级单位；“请求批准函”应互相尊重。

（5）办复方式不同　“请示”的事项由上级单位批复下级单位；“请求批准函”的有关批准事项由受文单位复函（审批函）。

【范本】北京汽车××4S店开业邀请函

尊敬的新老客户：

“两年风雨同舟路，百万北汽感恩情”，北京汽车××年进入临沂市场，经过一年的磨砺，××月××日北京汽车××4S店盛大开业，时至今日，北京汽车已经成为临沂地区国产轿车的中流砥柱。

两年里，我们从一家店，成长为两家卫星直营店以及11家二级合作经销商。我们××4S店也连续两年获得全省销量第一名、全国销量第三名、全国客户满意度官方评选第二名等奖项。付出不仅让我们收获了荣誉，更让我们获得了广大客户的认可，在此，我们感谢一直以来支持北京汽车的客户朋友们，为回馈全市新老客户，我们××4S店将举行一系列感恩回馈活动，具体如下。

（1）购车再送两大纪念礼包。活动期间购车的客户，除了享受现有的优惠政策外，还可获得两大纪念礼包！

（2）您来看车，我报销路费。活动期间，只要您进店试乘试驾，即可获得来回4S店路费补贴，最高50元！

××月××日，××汽车4S店开业庆典，现场新老客户感恩回馈，价格很低，礼品很丰厚，一年仅有一次！周周有惊喜。活动期间北京汽车每周末都有惊喜等着大家，让您选车不必急于一时。店庆回馈月将举行两次大型老客户回馈活动，只要您现在加入北京汽车的大家庭，均有机会参加！

自古以来，在创业征途上没有平坦的道路可走，只有不畏艰难，沿着陡峭曲折的山路，勇于向顶峰攀登的人，才有希望到达光辉的顶点。两年来，北京汽车全体员工在××总经理的带领下，无论在产品开发、市场结构调整等方面都取得了令人瞩目的成就，不仅为全市经济持续提速增效做出了贡献，同时也为自主品牌汽车树立了良好榜样。

北京汽车以“诚信待人、精心待车”的服务理念，为客户提供专业、专属、快捷、超值的服务体验，让客户拥有一辆好车的同时，尽享安心、舒适的用车生活。以后，我们还将继续以客户为中心，提供更加优秀的产品和更为贴心的服务，为广大客户创造更加美好的汽车生活，同时也希望大家能一如既往地关注北京汽车。

活动详情请致电咨询北京汽车××4S店。

销售热线：××××××

地址：××区××东街××东行××米路南

特此函告！

北京汽车××4S店

公章（略）

××年××月××日

第四节 通报

一、通报的定义

通报是上级将有关的人和事告知下级的公文。通报的运用范围很广，各级单位都可以使用。它的作用是表扬好人好事，批评错误和歪风邪气，通报应引以为戒的恶性事故，传达重要情况，以及需要各单位知道的事项。通报是各级企事业单位和团体等经常使用的文种。其目的是交流经验，吸取教训，教育干部、职工群众，推动工作的进一步开展。

二、通报的特点

通报主要有如下三大特点。

1.告知性

通报的内容常常是将现实生活当中一些正反面的典型或某些带倾向性的重要问题告诉人们，让人们知晓和了解。

2.教育性

通报的目的，不仅仅是让人们知晓内容，更重要的是从中接受先进思想的教育，或警戒错误、引起注意、接受教训。通报的教育性不是靠指示和命令方式来达到的，而是靠正、反面典型的带动，用真切的希望和感人的号召力量，使人真正从思想上确立正确的认识，知道应该怎么做。

3.政策性

政策性并不是通报独具的特点，其他公文也同样具有这一特点。可是，作为通报，尤其是对表扬性通报和批评性通报来说，在这方面的特点就更突出些。因为通报中的决定（即处理意见），直接涉及具体单位、个人或事情的处理，同时，此后也会牵涉其他单位、部门效仿执行的问题。决定的正确与否，影响颇大。因此，撰写通报时必须讲究政策依据。

三、通报的种类

通报主要分为三大类，具体如图3-12所示。

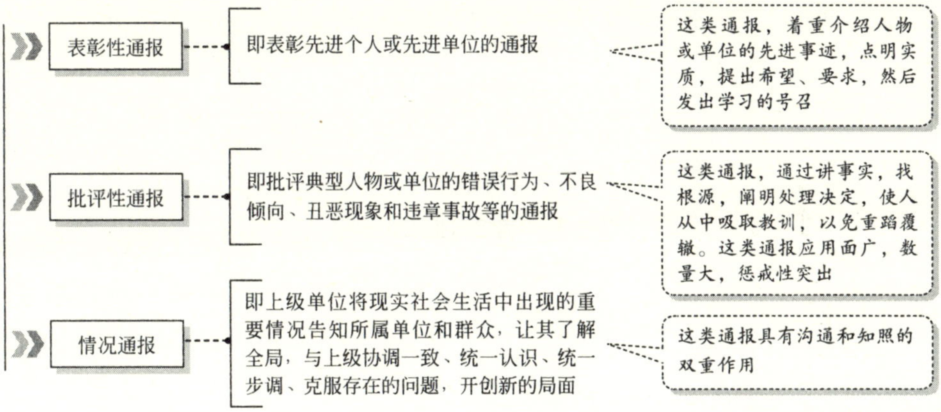

图3-12　通报的种类

四、通报的结构

1. 标题

通报的标题由制发单位、被表彰或被批评的对象和文种构成。其通常有两种构成形式，如图3-13所示。

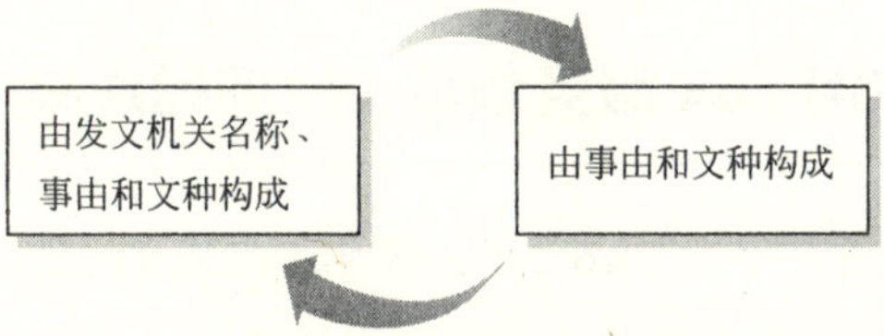

图3-13　通报标题的构成

此外，有少数通报的标题是在文种前冠以单位名称，也有的通报标题只有文种名称。

2. 主送单位

有的通报特指某一范围内，可以不标注主送单位。

3. 正文

（1）表彰（批评）通报　表彰（批评）通报正文结构由三部分构成，具体如图3-14所示。

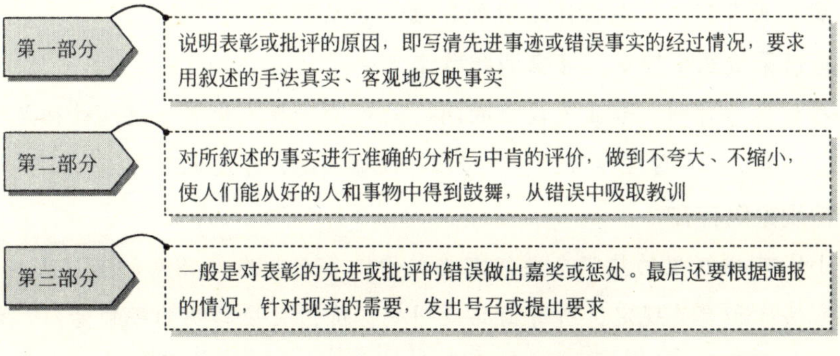

图3-14　表彰（批评）通报正文结构

（2）情况通报　情况通报正文结构一般由两部分构成，具体如图3-15所示。

图3-15　情况通报正文结构

五、注意事项

通报有几个注意事项，如图3-16所示。

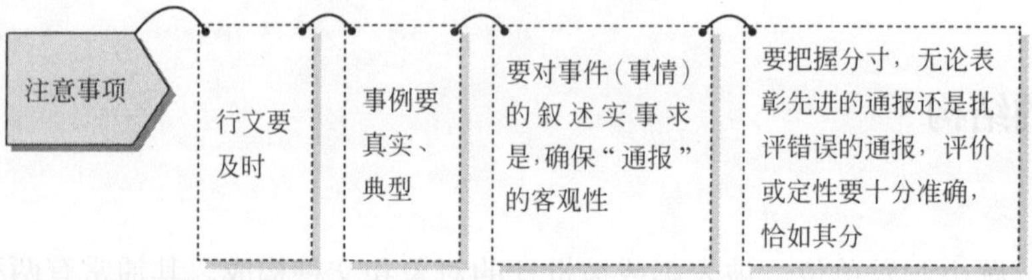

图3-16　撰写通报时应注意的事项

【范本】2016年汽车服务领域十大问题通报

中国“质量万里行促进会”于2016年1～8月，开展对北京、南京、昆山等16市汽车市场4S店的质量专项调查，通过问卷、座谈、明察暗访等多种形式，主要对销售和售后服务领域投诉率高的热点、难点和焦点问题开展查访。结果显示，在销售和维修服务过程中仍存在十大问题，具体通报如下。

一、捆绑销售车险或车贷产品

新车捆绑保险销售成了售车“潜规则”。除了保险带来的利润外，吸引车主保养维修则成为主要目的，一旦出现意外维修，4S店在进行出险后的修理中可以适当比平时提高修理费与工时费。“质量万里行促进会”指出，消费者在购买保险时拥有自主选择的权利，4S店无权违背购买者意愿强制投保或附加其他不合理条件。

二、出售试乘试驾事故车，涉嫌消费欺诈

由于存在信息不对称、专业性较强的问题，对于一般消费者来说，往往是因为出了事故、维修时在4S店被发现曾经维修过、曾经出过险等问题，才发现原来自己买了一辆事故车。

三、加价现象仍存在

个别中小城市4S店里的热门车型仍需要加价提车或者购买4S店的美容大礼包。

根据国家法律和有关规定，所有商品应明码标价，且应写明购买的金额、数量等。如不按规定内容和方式明码标价，或强制消费者接受其商品与服务价格，或在标价之外加价出售装潢或收取未标明的费用，均属于加价行为，消费者可以向4S店说不，同时可向当地有关部门及物价部门进行申诉。

四、蓄意推销某车型误导消费者

在调查中仍发现个别4S店私自改装车加价卖给消费者，私自改装现象表现出“低配”改“高配”，配件质量低劣，未经国家CCC强制认证，未经生产厂家许可，有的花费几千元改装费，加价格三五万元销售，不仅严重侵犯消费者权益，而且给汽车安全造成极大安全隐患。

五、“汽车三包”落实难

在调查中发现部分汽车生产企业、经销商、4S店不能完全执行“汽车三包”规定，有的只按照企业和4S店规章提供售后服务；有的利用霸王条款，如要求车主全程必须在指定的4S店进行维修保养；有的以不合理的理由强行将车主享受“汽车三包”的权利拒之门外；还有的厂家、4S店互相推诿，不出具任何售后手续，拖延时间，直到“汽车三包”到期也未能解决问题。

六、未提示预定金与预订金的区别

消费者买车往往都要先交一笔现金，有时候被写成“定金”，有时候被写成“订金”，定金和订金虽然只有一字之差，但其所产生的法律后果是不一样的。所谓定金又称保证金，具有法律效应，而订金可视为预付款，没有法律效力。通俗地概括两者区别就是订金可退，定金不退。

七、零部件垄断，价格高

有消费者买了某品牌汽车，出了问题后，4S店强调只能购买该品牌原厂配件，否则不予保修。经调查，一个零部件从配套厂到4S店，整车厂加价30元，4S店为保证利润，在整车厂默许下加价30元甚至更高提供给车主，加上物流成本，最终零售价格比出厂价翻了数倍。

八、小病大医，以换代修

很多4S店借着品牌垄断，采取能修理却换件，能换零件却换总成的方式，把消费者带入很大的误区。调查发现，有一位消费者的车辆中控台的一个按键失灵，4S店就要求必须更换整个中控系统，更换设备加上工时费竟高达3200元。后来该消费者在普通电器维修部仅仅花了20元就完全修复。其中的原因在于对于4S店来说，为车辆更换配件的收入是利润的最大来源，一些4S店内配件的价格是进价的3～4倍。

九、工时费太高

因为国家没有对工时费定具体的标准，其标准都是厂家和4S店共同制定、经物价局审批的。所以工时费会普遍偏高。而且在维修保养的过程中4S店会要求技师严格控制工时，以保障他们的工时利润。或以次充好、赚取高额差价也是4S店在汽修服务中常见的欺诈伎俩。建议大家送修爱车时多留心眼，交修时签订书面合同，对质量标准、维修费用进行明确约定，以避免日后发生争议；如有条件，提车时最好携带懂维修技术的朋友进行查验，有异议当场提出。

十、保养推荐额外项目，保养技工素质有待提高

在对4S店进行保养项暗访时，发现个别4S店在基础保养项目之外并在消费者不知情的情况下额外多开高额付费项目，消费者更是反应个别技工素质很差，换机油的时候不给放完，或者消费者没在场的情况把全合成机油偷偷换成普通机油。因为汽车保养相对比较专业，又是在较为封闭的空间进行的，一般消费者很难进入保养车间，所以保养好坏就只能仅仅靠技工的素质了。

希望各个汽车4S店对于存在的问题予以认真对待，并整顿不正之风，提高自身的服务意识，更好地为广大消费者服务。

第五节 批复

一、批复的定义

批复是指答复下级单位的请示事项时使用的文书。它是应用写作活动中的一种常用公务文书。

二、批复的特点

批复主要有四大特点，具体如图3-17所示。

三、批复的种类

根据批复的内容和性质不同，可以分为审批事项批复、审批法规批复和阐述政策批复三种。

四、批复的结构

批复一般由标题、主送单位、正文和落款构成。

1.标题

标题的写法最常见的是完全式的标题，即由发文单位、事由和文种构成。在事由中一般将下级单位及请示的事由和问题写进去。还有一种完全式的标题，即“发文单位+表态词+请示事项+文种”，这种较为简明、全面和常用。

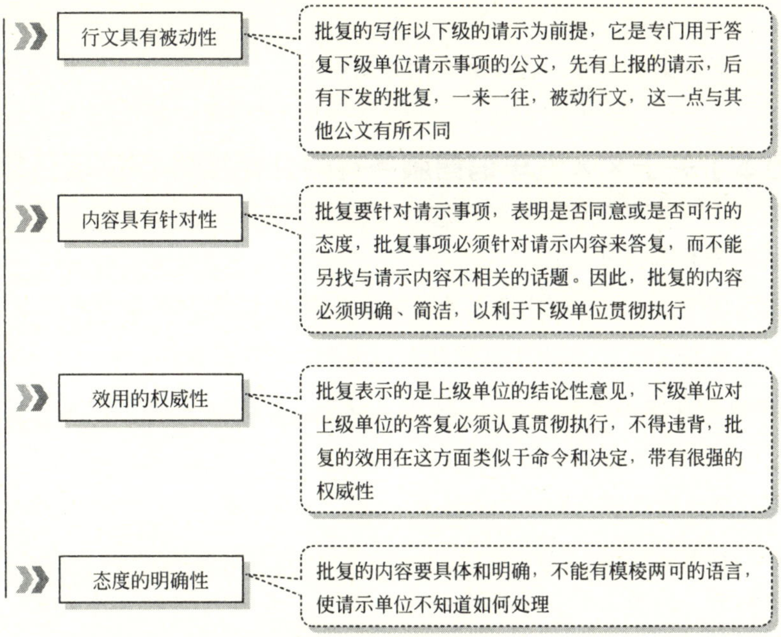

图3-17　批复的特点

2. 主送单位

主送单位一般只有一个，是报送请示的下级单位。其位置同一般行政公文，写于标题之下，正文之前，左起顶格。批复不能越级行文，当所请示的单位不能答复下级单位的问题而需要向更高一级单位转报“请示”时，更高一级单位所做批复的主单位不应是原请示单位，而是“转报单位”。如果批复的内容同时涉及其他的机关和单位，则要采用抄送的形式送达。

3. 正文

正文包括批复引语、批复意见和批复要求三部分，具体如图3-18所示。

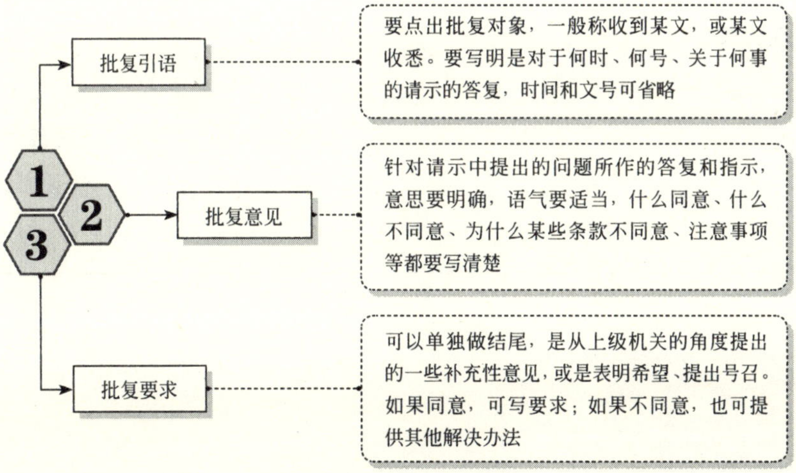

图3-18　正文的三部分

4.落款

落款写在批复正文右下方，署成文日期并加盖公章，成文日期用阿拉伯数字书写。

【范本】关于××汽车销售服务有限公司福特4S店项目核准的批复

××汽车销售服务有限公司：

你公司××年××月××日报来的《××汽车销售服务有限公司福特4S店项目申请报告》收悉。根据《×××关于投资体制改革的决定》（国发〔××〕××号）及《政府核准的投资项目目录（××年本）》等有关法律、法规和规章的规定，经研究，批复如下。

一、该项目符合国民经济和社会发展规划、产业政策和土地利用总体规划，同意你公司新建福特4S店项目。

二、建设纲领：该项目建设用地面积××公顷，建筑面积××平方米，其中地上建筑面积××平方米，地下建筑面积××平方米，项目主要建设内容为汽车4S店及相关配套设施。

三、总投资估算及资金来源：项目总投资××万元，所需资金自筹解决。

四、建设地点：××市××区××镇北京现代4S店以北、规划道路以西地块。

五、环境保护及其他工作。公司应按《建设项目环境影响报告及审批意见》的要求，做好环保工作，在规划、用地、环保、安监、建设、档案等各项法定手续办理完毕后方可开工建设，同时严格执行《招标投标法》的有关规定。

六、公司应主动接受并积极配合我区其他相关部门依法实施的监督和管理。

七、项目建设过程中，如对总投资、建设规模、主要建设内容、建设地址等规定的内容进行调整的，公司应及时以书面形式向我局报告。

特此核准。

××高新技术产业开发区经济发展局

××市××区经济发展局

公章（略）

××年××月××日

第六节 请示

一、请示的定义

请示是指下级单位向上级单位请求对某项工作、问题做出指示，对某项政策界限给予明确，对某事予以审核批准时使用的一种请求性公文，是应用写作实践中的一种常用文体。请示可分为解决某种问题的请示和请求批准某种事项的请示。

请示必须具备如图3-19所示的三个必备条件。

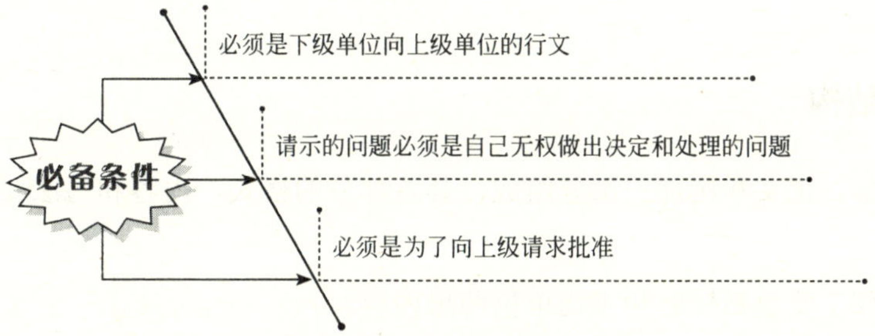

图3-19 请示的必备条件

二、请示的特点

请示具有如图3-20所示的特点。

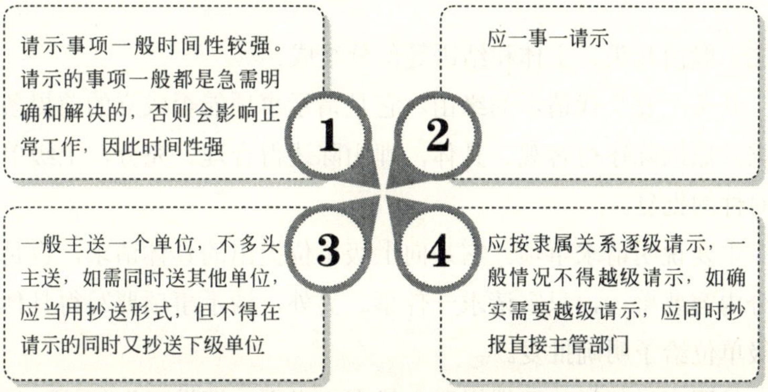

图3-20 请示的特点

三、请示的种类

请示根据不同内容和写作意图可分为三类，具体内容如下。

1.请求指示的请示

此类请示一般是政策性请示，是下级单位需要上级单位对原有政策规定作出明确解释，对变通处理的问题作出审查认定，对如何处理突发事件或新情况、新问题作出明确指示等的请示。

2.请求批准的请示

此类请示是下级单位针对某些具体事宜向上级单位请求批准的请示，主要目的是为了解决某些实际困难和具体问题。

3.请求批转的请示

下级单位就某一涉及面广的事项提出处理意见和办法，需各有关方面协同办理，但按规定又不能指令平级单位或不相隶属部门办理，需上级单位审定后批转执行，这样的请示就属此类。

四、请示的结构

请示由首部、正文和尾部三部分组成，其各部分的格式、内容和写法要求如下。

1.首部

请示的首部主要包括标题和主送单位两项内容。

（1）标题　请示的标题一般有两种构成形式。

① 由发文单位名称、事由和文种构成，如《××汽车4S店关于××的请示》。

② 由事由和文种构成，如《关于××的请示》。

（2）主送单位　请示的主送单位是指负责受理和答复该文件的单位。每件请示只能写一个主送单位，不能多头请示。

2.正文

请示的正文一般由开头、主体和结语等部分组成。

（1）开头　开头主要交代请示的缘由。它是请示事项能否成立的前提条件，也是上级单位批复的根据。原因陈述得客观、具体，理由陈述得合理、充分，上级单位才好及时决断，予以有针对性的批复。

（2）主体　主要说明请求事项。它是向上级单位提出的具体请求，也是陈述缘由的目的所在。这部分内容要单一，只宜请求一件事。另外，请示事项要写得具体、明确、条项清楚，以便上级单位给予明确批复。

（3）结语　结语应另起段，习惯用语一般有“当否，请批示”“妥否，请批复”“以上请示，请予审批”或“以上请示如无不妥，请批转各地区、各部门研究执行”等。

3. 落款

落款一般包括署名和成文时间两项内容。标题写明发文单位的，这里可不再署名，但需加盖单位公章，成文时间一般为××年××月××日。

五、请示与报告的区别

“请示”和“报告”都是上行文，是行政单位公文使用频率较高且容易混淆的文种。常见的问题主要有将“请示”文种用“报告”文种呈送上级单位，请求上级单位批复（答复），这样就容易贻误工作。因此，在撰写“请示”和“报告”时，要特别注意两者之间的区别。

1. 作用不同

“请示”是向上级单位请求指示、批准；“报告”是向上级单位汇报工作，反映情况，提出意见和建议，答复上级询问，报送文件、物品等。

2. 内容不同

“请示”是本单位无权解决或按规定须上级批准之后才能实施的事项；“报告”是本单位职责范围内比较重大的工作或向上级单位建议，须上级单位知道的事项。

3. 容量不同

“请示”应一文一事；“报告”可多事一报，但不得有请示的事项。

4. 时间不同

“请示”应事前行文；“报告”可在事前、事中、事后行文。

5. 范围不同

“请示”一般只主送一个上级单位，不得多头主送或越级主送；“报告”可以主送几个相关的上级单位，其他上级单位也可以抄送。

6. 处理不同

上级单位收到下级的请示后，应及时批准、批复（答复），下级应在收到上级批复（答复）后才能实施；上级单位收到下级的报告后，主要是了解情况，可以不答复，下级不用等待上级答复。

7. 篇幅不同

“请示”的篇幅比较短，一般不超过1500字；“报告”的篇幅相对较长，但一般不超过3000字。

8. 结束语不同

“请示”在结束时用“特此请示”“特此请示，请批示”“请审示”等；“报告”用“专此报告”“特此报告”等。

【范本】关于申请建设××新能源汽车4S店的请示

××路街道办事处：

根据全市统一规划，经我公司调查，目前××新能源汽车（电动汽车）的发展，符合我市改善环境、提升环保、节能减排的需求，潜在市场很大。

为促进我市新能源汽车的市场发展，满足广大市民对购车和保养、维修、服务的需求，我公司已考查论证在本市××村（206国道旁）紧邻××公司旁建设一处占地面积××平方米的××新能源大型汽车销售服务一体化的展厅。

请××街道办事处支持为盼。

××村委

公章（略）

××年××月××日

第七节 总结

一、总结的定义

总结是对过去一定时期的工作、学习或思想情况进行回顾、分析，并做出客观评价的书面材料。按内容分，总结可分为学习总结、工作总结、思想总结等；按时间分，总结可分为年度总结、季度总结、月份总结等。

二、总结的特点

总结主要有两个特点，具体如图3-21所示。

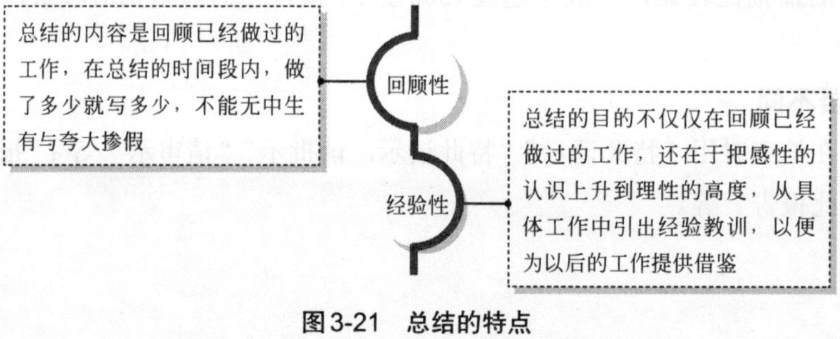

图3-21　总结的特点

三、总结的种类

从性质、内容、范围、时间等角度可划分出不同类型的总结。

1. 根据性质的不同

根据性质的不同，可以将总结分为综合总结和专题总结两种。

综合总结又称全面总结，它是对某一时期各项工作的全面回顾和检查，进而总结经验与教训。

专题总结是对某项工作或某方面问题进行专项总结，尤以总结推广成功经验为主。总结也有各种别称，如自查性质的评估及汇报、回顾、小结等都具有总结的性质。

2. 根据内容的不同

根据内容的不同，可以将总结分为工作总结、生产总结、学习总结、教学总结、会议总结等。

3. 根据范围的不同

根据范围的不同，可以将总结分为全国性总结、地区性总结、部门性总结、本单位总结、班组总结等。

4. 根据时间的不同

根据时间的不同，可以将总结分为月总结、季总结、年总结、阶段性总结等。

四、总结的结构

总结没有固定的形式，常见的格式由标题、正文和落款三部分组成。

1. 标题

总结的标题有下列几种构成方式，具体如图3-22所示。

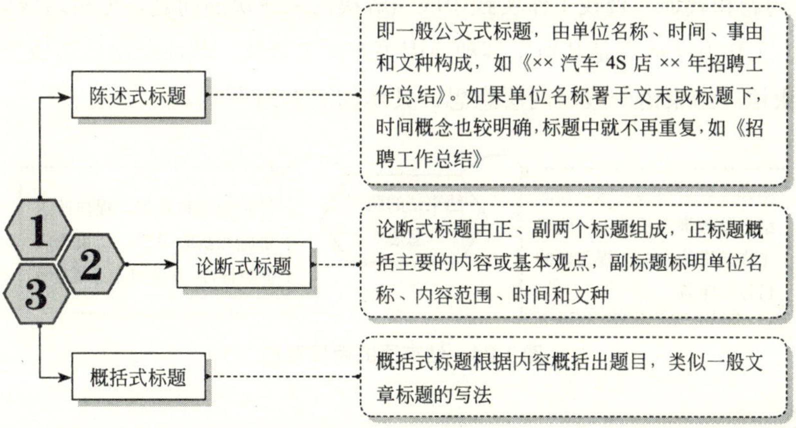

图3-22 总结的标题

2. 正文

（1）前言　正文的前言部分写作主要有几个要点，具体如图3-23所示。

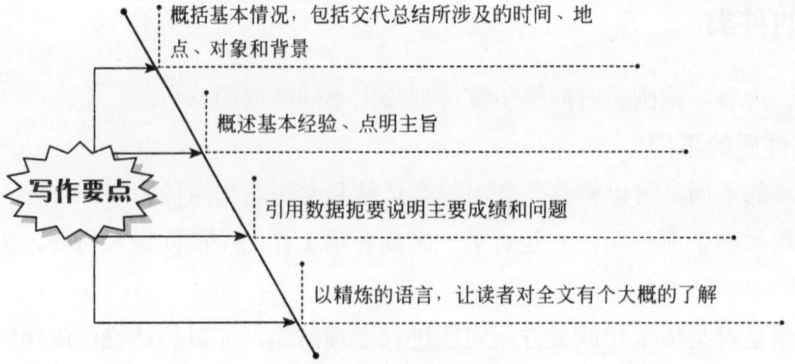

图3-23　前言写作要点

（2）主体　总结的主体包括如下内容。

① 主要成绩和收获　成绩和收获是指在实践活动中所取得的物质成果和精神成果。该内容在不同的总结中有不同的写法。

第一，若是写综合性工作总结，在前言中概括成绩和收获，在主体中详细地、具体地归纳成绩和收获的几个方面。

第二，若是写专题性经验总结，除在前言部分扼要点明成绩和收获外，其他具体的成绩和收获常常在下面写的“经验体会”中，作为各论题的例证之用，不必在此专门写“主要成绩和收获”。

② 主要经验体会　经验是指取得优良成绩的原因、条件以及具体做法。体会则是经验的升华、理论的认识。这部分是总结的重心，应下功夫分析、研究、提炼、概括，对是非得失、成败利弊做出科学的判断，找出规律性的认识，上升为精辟的理论概括。若是写经验性总结，则应根据推广经验的需要而使侧重点不同，有的重点阐明工作的成效，也有的重点阐明做法的先进。

③ 存在问题和教训　查找工作实践中应当解决而未解决的问题，分析造成问题的原因，从思想方法、工作方法或者是其他主客观原因等方面去查找，从而总结出造成失误的教训。

（3）结束语　结束语一般写两层意思，具体如图3-24所示。

图3-24　结束语的两层意思

3. 落款

落款包括署名和日期。

单位署名，一般在标题中和标题下，也有的随另文发送，总结上不署名。

个人署名一般都在正文的右下方。

【范本】汽车4S店员工工作总结

自××年7月1日入职公司至今5年了，从门店会计到4S店总会计，无论是做事还是做人，我都从“××”这个温暖的大家庭学到了很多很多……“受人之托，终人之事”我做到了。展望未来，我对公司的发展和今后的工作充满了信心及希望，为了能够制订更好的工作目标，取得更好的工作成绩，我把参加工作以来的情况总结如下。

一、前期工作总结

对于企业来说，能力往往是超越知识的，公司对于人才的要求，同样也是能力第一。公司对于人才的要求是多方面的，它包括组织指挥能力、决策能力、创新能力、社会活动能力、技术能力、协调与沟通能力等。

第一阶段（××年）：适应阶段

××年7月我进入了工作岗位，记得那时电动车的账目情况已经堆积了2个多月，当时的首要任务（自定）是分清各股东的投资情况、库存的实物数量、厂方的账务核对、出纳的现金盘核，最重要的是合理建账（账务具有延续性），我用了1个月时间做了3个月的账，当时账套建完后我有种超越和窃喜的感觉。因为我对电动车行业是完全陌生的，看似简单的账单制作→日常业务→银行对接→建立台账→与厂商财务对接→业务衔接，对我来说都是有挑战的，可以说一切都要从零开始。在这个适应阶段中，我自觉加强学习，虚心求教，不断理清工作思路，总结工作方法，在领导和同事的帮助指导下，从不会到会，从不熟悉到熟悉，我逐渐摸清了工作中的基本情况，找到了切入点，把握住了工作的重点和难点。

“勤能补拙”，我利用闲暇时间总结完善自己的工作内容，建立了各种账套的模版，同时结合汽车4S店实际情况先后制定了《财务收费流程》《财务对接流程》，并在领导的支持和同事们的配合下各项流程得到了迅速普及，为汽车4S店日常财务工作的顺利进行奠定了坚实的基础。

第二阶段（××年～××年）：发展阶段

这一阶段我在继续担任原职的同时又介入了××有限公司汽车分期付款工作，进一步丰富了自己的财务工作经验，同时也积累了汽车专业知识。进入日常管理之后，因为新招聘了分期会计与电动车会计，我由此又接触到了辅导新人的工作内容，我将自己的工作经验整理好交予新人一起实践，共同发现问题、解决问题，经过3个月时间的努力，新招聘的会计人员已经能够很好地胜任财务工作了。年底电动车移交，我又介入分期付款的财务处理，此时正逢顾客分期购买汽车的高峰及国家对汽车养路费及税收制度改革，汽车养路费的取消直接关系着账务大动作的调整，那年我整理了一套所有汽车分期的完整还款表，调整所有客户的养路费科目，由此制定了客户全款付清时用账表核对的方法，确定客户的还款金额，确保财务核算正确。

第三阶段（××年到现在）：不断提升阶段

××年公司上层领导的经营决策转型，为了工作的需要与适应时代的发展，我学习了一般纳税人账务及国税金税工程，现已熟悉增值税防伪税控开票子系统。同年9月由于本店代理福田奥铃品牌的销售，由于该厂的返利实行一票一返，每张增值税票的返利最高不能超过所售车辆金额的30%，结合这种情况我建立了一套同以前又完全不一样的账套，方便公司与厂方核对及公司车辆利润的明确化，实行一车一结。

二、主要经验和收获

在××工作的5年时间里，我积累了许多工作经验，尤其是汽车4S店基层财务工作经验，同时也取得了一定的成绩，总结起来有以下几个方面的经验和收获。

（1）只有摆正自己的位置，下功夫熟悉基本业务，才能尽快适应新的工作岗位。

（2）只有主动融入集体，处理好各方面的关系，才能在新的环境中保持好的工作状态。

（3）只有坚持原则，落实制度，认真理财管账，才能履行好财务职责。

（4）只有树立服务意识，加强沟通协调，才能把分内的工作做好。

（5）只有保持心态平和，“取人之长、补己之短”，才能不断提高、取得进步。

三、确立工作目标，加强协作

财务工作像年轮，一个月工作的结束，意味着下一个月工作的重新开始。我喜欢我的工作，虽然繁杂、琐碎，也没有太多新奇，但是作为企业正常运转的命脉，我深深地感到自己岗位的价值，同时也为自己的工作设定了新的目标。

最后，衷心感谢大家对我工作的支持和帮助。这里借用一句流行的话：让我们一起“撸起袖子加油干”，我们公司的明天会更好！

×××

××年××月××日

第八节 通知

一、通知的定义

通知是运用广泛的知照性公文，用来发布法规、规章，转发上级机关、同级机关和不相隶属机关的公文，批转下级机关的公文，要求下级机关办理某项事务等。

二、通知的种类

根据适用范围的不同，通知可以分为六大类，具体如图3-25所示。

发布性通知	用于发布行政规章制度及单位内规章制度
批转性通知	用于上级单位批转下级单位的公文，让所属人员周知或执行
转发性通知	用于转发上级单位和不相隶属的单位的文书，让所属人员周知或执行
指示性通知	用于上级单位指示下级单位如何开展工作
任免性通知	用于任免和聘用干部
事务性通知	用于处理日常工作中带事务性的事情，常把有关信息或要求用通知的形式传达给相关机构或群众

图3-25　通知的种类

三、通知的结构

通知一般由标题、称呼、正文、落款四部分组成。

1. 标题

标题写在第一行正中，可只写“通知”两字，如果事情重要或紧急，也可写“重要通知 ”或“紧急通知”以引起注意。有的在“通知”前面写上发通知的单位名称，还有的写上通知的主要内容，如提车通知。

2. 称呼

标题中，被通知者的姓名或职称或单位名称，可在第二行顶格写；如通知事项简短，内容单一，书写时可略去称呼，直起正文。

3. 正文

通知的正文应另起一行，并空两格。正文因内容而异。开会的通知要写清开会的时间、地点、参加会议的对象以及开什么会，还要写清要求。布置工作的通知，要写清所通知事件的目的、意义、具体要求和做法。

4. 落款

通知的落款应分两行写在正文右下方，一行署名，一行写日期。

【范本】××汽车4S店提车通知

尊敬的______先生/女士：

您好。

您于____年____月____日与我公司签订的《汽车销售合同》(合同编号：______)，约定您向我公司订购________品牌________型号车辆一台，并向我司支付□预付款/□定金人民币____________元。

现您所订购的车辆（车架号：____________）已于____年____月____日到店，我公司已通知您来付清余款并提车。但截至我公司发此通知之日，虽经多次与您联系，您仍然未来我公司付款提车。

您的行为已经严重损害了我公司的合法权益，给我们造成仓储、保管以及资金占用费等损失。现我公司正式书面通知您，请您务必在____年____月____日前来我公司办理付款提车手续。若您未在上述期限内来办理付款提车手续，我公司将视为您拒不履行合同义务，我公司有权解除与您签订的《汽车销售合同》，并另行出售车辆。因您的违约行为，您所支付的□预付款/□定金人民币________元，作为对我公司的仓储、保管及资金占用费损失的补偿，根据《汽车销售合同》的相关约定，我公司将不予退还。特此通知，请审慎待之！

××汽车服务有限公司

____年____月____日

第九节 通告

一、通告的定义

通告是指在一定范围内公布应当遵守或者周知事项的周知性公文。通告的使用面比较广泛，一般机关、企事业单位甚至临时性机构都可使用，但强制性的通告必须依法发布，其限定范围不能超过发文机关的权限。

二、通告的结构

通告的结构如表3-1所示。

表3-1 通告的结构

项目	基本要求
标题	通告
首行	填写通告面向的人员，如“尊敬的各位业主（用户）：”
正文	交代通告的缘由、根据和目的，介绍事情的经过，要求业主（用户）知晓、配合的事项
落款	汽车4S店管理处盖章、日期

第四章

汽车4S店通用文书写作

第一节 制度

一、制度的定义

制度一般是指要求大家共同遵守的办事规程或行动准则，也指在一定历史条件下形成的法令、礼俗等规范。在不同的行业、不同的部门、不同的岗位都有其具体的做事准则，其目的都是使各项工作按计划和要求达到预计目标。

二、制度的特点

汽车4S店制度的特点包含三个方面，如图4-1所示。

特点一 指导性和约束性

制度对相关人员应该做些什么工作、如何开展工作都有一定的提示和指导。同时也应该明确相关人员不得做些什么，以及违背制度会受到怎样的惩罚。因此，制度有指导性和约束性的特点

特点二 鞭策性和激励性

制度可张贴或悬挂在工作现场，随时鞭策和激励员工遵守纪律、努力学习、勤奋工作

特点三 规范性和程序性

制度对实现工作程序的规范化、岗位责任的法规化、管理方法的科学化起着重大作用。制定制度必须以有关政策、法律、法令为依据。制度本身要有程序性，为人们的工作和活动提供可供遵循的依据

图4-1 汽车4S店制度的特点

三、制度的结构

1.标题

制度的标题主要有两种构成形式：一种是以适用对象和文种构成，如《保密制度》《档案管理制度》；另一种是以单位名称、适用对象、文种构成，如《××汽车4S店售后服务管理制度》。

2.正文

制度的正文有多种写法，主要可以概括为三种情况，如图4-2所示。

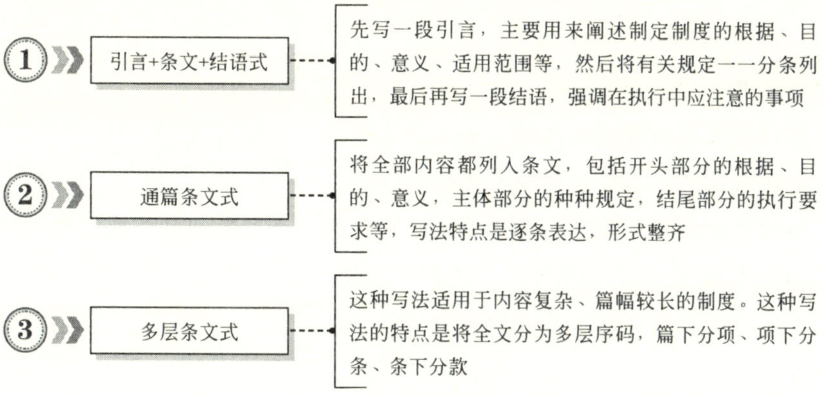

图4-2 制度的正文写法

3.制发单位和日期

如有必要，可在制度标题下方正中加括号，注明制发单位名称和日期，其位置也可以放在正文之下，相当于公文落款的地方。

【范本】××汽车4S店车间工具管理制度

一、目的

为了维护良好的生产秩序，提高劳动生产率，最大限度减少公司损失，保证车间工作顺利开展，特制定车间工具管理制度。

二、适用范围

本制度适用于××汽车服务有限公司全体车间及库房管理员工。

三、工具管理具体要求

1.工具的采购申请

首先由班组长填写《采购申请单》，再交由车间主任确认签字，报总经理签字后递交给财务人员进行金额核算，最后递交采购人员进行比价购买。

2.工具的入库

（1）到货的工具，库管必须与采购人员当面进行清点，确认无误后填写入库单，双方签字确认。

（2）入库工具应存放在工具室相应的位置，并摆放整齐有序。

（3）入库工具必须做好标识，并建立台账。

3.工具的出库

（1）各班组长在库房领用常备工具时，要签字确认并存档，经常使用的专用工具由班组负责人负责领用保管，如有遗失或损坏，由其负责赔偿；

（2）不常用的专用工具，每次只能借用，如有丢失或损坏，由借用者负责赔偿；每次借用，库管必须在《工具领用登记表》上登记，并要求借用者签字确认，还件时注明归返时间。

4. 工具的使用

（1）严禁违章使用专用检测工具，如用扭力扳手拆卸螺钉等。

（2）未经他人同意，不许滥用他人工具。

（3）严格按检测工具、仪表的使用规定进行使用，严禁激烈使用或用作其他用途。

（4）凡由个人领用或借用的工具、仪表、工具车，由个人负责保管；如果正常损坏，可以更换，如有遗失，由领用人负责按原价赔偿。

5. 工具的归还

（1）工具使用完毕，必须清理干净并归还库房，所有外借工具必须于当天归还。如有特殊情况，应向库管说明迟还原因；

（2）离职人员应于3日内交还所有领、借用工具，待库管检查签字确认后方可离职。如发现有工具未归还或者损坏等情况，公司将在当月工资中扣除工具费用。

（3）工具如果在保管过程中遗失，由库管负责赔偿。

6. 每月28 ~ 31日由车间主任和库管对班组维修工具进行盘点，记录工具缺失情况，各班组予以配合，不配合者按公司相关条例每次处50元的罚款。

7. 车间各班组每天下班前必须清点维修工具后方能下班，车间主任如发现下班前维修工具未清点或工具箱未上锁的情况，发现1次，给予班组长20元、当事人30元的罚款。

8. 车间各班组所管理的工具如有丢失，由所在班组成员自行承担购买工具的费用。

9. 车间各班组所损坏的工具如为正常损坏，由公司负责更换，但损坏的工具必须交还仓库，以旧领新，否则费用由所在班组自行承担。同时旧件返还库房后由库管进行登记记录，在每月月底进行盘点。如由于库管疏忽造成旧件丢失，库管需按照工具原件进行赔偿。年末对工具旧件进行统一处理。

10. 各班组工具箱在上锁的情况下，任何人不能撬开工具箱锁，否则发现1次罚款100元并予以通报批评，同时所损坏和丢失的工具由当事人一并承担。

11. 为应对各种突发情况，各班组需将工具箱钥匙预留一把在库房备用，由班组长或车间主任签字才能借出，借出期间由班组长或车间主任负责班组工具的管理，并于次日与所在班组进行交接。

本规定由车间维修部解释、执行，经公司总经理批准实行。

××汽车服务有限公司

××年××月××日

第二节 章程

一、章程的定义

汽车4S店的章程是汽车4S店经过特定的程序制定出的关于组织规程和办事规则的文书，是一种根本性的规章制度。

二、章程的特点

章程主要有以下两个特点。

1. 稳定性

章程是汽车4S店的基本纲领和行动准则，在一定时期内稳定地发挥作用，如有变动或更改，应履行特定的程序；有关汽车4S店开展业务工作的章程，是基本的办事准则，也应保持相对稳定，不宜轻易变动。

2. 约束性

章程作用于汽车4S店内部，依靠全体成员共同实施，不由国家强制力予以推行，但要求其下属组织及成员共同遵守，有一定的规范作用和约束力。

三、章程的种类

章程的种类主要有以下两种。

1. 组织章程

组织章程由各类社会组织制定，用以对本组织的性质、宗旨、任务、人员构成、内部关系、职责范围、权利义务、活动规则、纪律措施等做出明确规定，如《××汽车服务公司章程》。

2. 业务工作章程

业务工作章程主要由有关企事业单位制定，阐明其业务性质、运作方式、基本要求、行为规范等，如《招聘工作章程》等。

四、章程的结构

章程一般由标题和正文两部分构成。

1. 标题

汽车4S店章程的标题，一般由汽车4S店名称加文种构成。

2. 正文

章程正文包括总则、分则和附则三部分。

（1）总则　总则又称总纲，从总体上来说明组织的性质、宗旨、任务和作风等。

（2）分则

① 分则中规定的成员是指成员条件、权利、义务和纪律。

② 组织是指全国组织、地方组织、基层组织，代表大会、理事会、常务理事会、专业小组等。

③ 经费是指经费来源和使用管理等。

（3）附则　附则，通常是指附带说明制定权、修改权和解释权等。

章程的行文语言多用词语的直接含义，不用比喻、比拟、夸张和委婉等修辞手法。这样才能做到语义毫不含糊，没有歧义，让人一看就明白。

【范本】××汽车服务有限责任公司章程

依据《中华人民共和国公司法》及有关法律、法规的规定，特制定本章程。本章程如与现行的国家法律、法规相抵触，以国家法律、法规为准。

第一章　公司名称及地址

第一条　公司名称：××汽车服务有限责任公司。

第二条　公司地址：××××××××。

第二章　公司经营范围

第三条　公司经营范围：××品牌汽车销售、备件零售、汽车租赁、汽车修理、汽车饰品销售以及汽车美容、装饰。

第三章　公司注册资本

第四条　公司注册资本为××万元人民币。

第五条　公司实收资本为××万元人民币。

第六条　公司如需减少注册资本，应当自公告之日起45日后申请变更登记，并提交公司在报纸上登载公司减少注册资本公告的有关证明和公司债务清偿或者债务担保情况的说明。公司减少后的注册资本不得低于法定的最低限额。

第四章　股东的姓名或者名称

第七条　股东的姓名或名称：××、××。

第五章　股东的出资方式、出资额和出资时间

第八条　出资方式、出资额和出资时间如下表。

股东姓名或者名称	资本金/万元		出资方式及金额				出资时间
	注册资本	实收资本	货币金额	实物金额	固定资产	无形资产	
××							
××							

第六章　公司的机构产生办法、职权与议事规则

第九条　股东会

（一）产生办法：由全体股东组成，是公司的最高权力机构。

（二）职权。

（1）决定公司的经营方针和投资计划。

（2）选举和更换并非由职工代表担任的执行董事和非执行董事来担任的法定代表人、监事，决定法定代表人的报酬事项。

（3）审议批准董事的报告。

（4）审议批准监事的报告。

（5）审议批准公司的年度财务预算方案、决算方案。

（6）审议批准公司的利润分配方案或弥补亏损方案。

（7）对公司增加或者减少注册资本作出决议。

（8）对发行公司债权作出决议。

（9）对公司合并、分立、解散、清算或者变更公司形式作出决议。

（10）修改公司章程。

（11）公司章程规定的其他职权。

第十条　股东会的首次会议由出资最多的股东召集和主持。股东会会议由股东按照出资比例行使表决权。股东会会议分为定期会议和临时会议，并应当于会议召开15日以前通知全体股东。定期会议应每半年召开1次，临时会议是由代表团1/10以上具有表决权的股东、执行董事、监事提议召开会议。股东可以亲自出席股东会议，也可书面委托他人参加股东会议，股东委托他人参加股东会议时，被委托人只能行使委托书中载明的权力。

第十一条　股东会会议由执行董事召集并主持；执行董事因特殊原因不能履行职务或者不履行职务时，由公司监事召集和主持；监事不召集或者不主持的，代表1/10以上表决权的股东可以自行召集和主持。

第十二条　股东会会议做出修改公司章程、增加或者减少注册资本的决议，以及公司合并、分立、解散或者变更公司形式的决议，必须经代表2/3以上表决权的股东表决通过。股东会应当对所议事项的决定作出会议记录。出席会议的股东应当在会议记录上签名。

第十三条　公司不设董事会，设执行董事一名，对股东会负责。

（一）产生办法：由股东会选举产生。

（二）执行董事姓名：××。

（三）职权。

（1）召集股东会会议，并向股东会报告工作。

（2）执行股东会的决议。

（3）决定公司的经营计划和投资方案。

（4）制定公司的年度财务预算方案、决算方案。

（5）制定公司的利润分配方案和补亏损方案。

（6）制定公司增加或减少注册资本以及发行公司债券的方案。

（7）拟定公司合并、分立、解散或者变更公司形式的方案。

（8）决定公司内部管理机构的设置。

（9）决定聘任或者解聘公司经理及其报酬事项，根据经理的提名决定聘任或者解散公司的副经理、财务负责人及其报酬事项。

（10）制定公司的基本管理制度。

（11）公司章程规定的其他职权。

（四）每届任职期限：××年。任期届满，竞选可以连任。

第十四条　公司设经理，经理对股东会负责。

（一）产生办法：由股东会选举产生的执行董事来决定聘任或者解聘。

（二）职权。

（1）主持公司的生产经营管理工作，组织实施股东会决议。

（2）组织实施公司年度经营计划和投资方案。

（3）拟定公司内部管理机构设置方案。

（4）拟定公司的基本管理制度。

（5）拟定公司的具体规章。

（6）提请聘任或者解聘公司副经理、财务负责人。

（7）决定聘任或者解聘除应由股东会决定聘任或者解聘以外的管理人员。

（8）股东会授予的其他职权。

（9）经理列席股东会会议。

第十五条　公司不设监事会，设监事一人。

（一）产生办法：由股东会选举产生。

（二）监事姓名：××。

（三）职权。

（1）检查公司财务。

（2）对执行董事等高级管理人员履行公司职务的行为进行监督，对违反法律、行政法规、公司章程或者公司股东会会议的执行董事或其他高级管理人员提出罢免的建议。

（3）当执行董事或其他高级管理人员的行为损害公司的利益时，要求执行董事或其他高级管理人员予以纠正。

（4）提议召开临时股东会会议，在执行董事不履行《公司法》的规定召集和主持股东会会议职责时，召集和主持股东会会议。

（5）向股东会会议提出提案。

（6）依照《公司法》第一百五十二条的规定，对执行董事或其他高级管理人员提起诉讼。

（7）监事列席股东会会议。

（四）执行董事等高级管理人员不得兼任监事职务。

（五）每届任职期限：××年，任期届满，竞选可以连任。

第七章　公司的法定代表人

第十六条　公司法定代表人的职务（执行董事兼经理、执行董事、经理）及姓名。

（一）职务：执行董事。

（二）姓名：××。

第十七条　公司法定代表人的产生办法：由股东会选举产生。

第十八条　公司的法定代表人行使以下职权。

（一）对外进行公司的意思表达。

（二）决定和处理公司经营中需经股东会决定以外的业务。

（三）向执行董事汇报日常工作并接受领导。

（四）受股东会或执行董事批准签署有关文件。

第八章　财务、会计、利润分配及劳动用工制度

第十九条　公司应当依照法律、行政法规建立本公司的财务、会计制度，应在每一会计年度终了时制作财务会计报告，依法经会计师事务所审计，并应于第2年3月31日前将依照法律、行政法规制作的财务报告送交各股东。

第二十条　股东提取公司当年税后利润时，应当提取利润的10%列入公司的法定公积金。公司法定公积金累计超过公司注册资本的50%以上时，可以不再提取。公司的法定公积金不足以弥补以前年度亏损的，再提取公积金之前，应当先用当年利润弥补亏损。

第二十一条　股东按照实缴的出资比例分取红利；公司新增资本时，股东有权优先按照实缴的出资比例认缴出资。

第二十二条　劳动用工制度按照国家法律法规的有关规定执行。

第九章　公司的经营期限、解散原因与清算办法

第二十三条　公司的经营期限：××年。时间从登记机关核准之日起计算。

第二十四条　公司因下列原因可以解散。

（1）公司章程规定的营业期限届满。

（2）股东会决议解散。

（3）因公司合并或者分立需要解散。

（4）依法吊销营业执照、责令关闭或者撤销。

（5）被人民法院依法照规予以解散。

第二十五条　清算办法：公司解散时，应当在15日内成立清算组开始清算，清算组成员由股东组成。

第二十六条　清算组在清算期间行使下列职权。

（1）清理公司财产，分别编制资产负债表和财产清单。

（2）通知或公告债权人。

（3）处理与清算有关的公司未了结的业务。

（4）清缴所欠税款以及清算过程中产生的税款。

（5）清理债权、债务。

（6）处理公司清偿债务后的剩余财产。

（7）代表公司参加民事诉讼活动。

第二十七条　清算组成员应当忠于职守，依法履行清算义务，不得利用职权收受贿赂或者其他非法收入，不得侵占公司财产，因故意或者重大过失给公司或者债权人造成损失的，应当承担赔偿责任。

（1）清算组自成立之日起10日内通知债权人，并于60日内在报纸上公告。债权人自接到通知之日起30日内，未接到通知书的自公告之日起45日内，向清算组申报其债权。

（2）清算组在清理公司财产、编制资产负债表和财产清单后，应当制定清算方案，并报股东会或有关主管机关确认。

（3）公司财产在分别支付清算费用、职工的工资、社会保险费用，缴纳所欠税款，清偿公司债务后的剩余财产，公司按照股东的出资比例分配给各位股东。

（4）公司清算结束后，清算组应当制作清算报告，报股东会或有关机关确认并报公司登记机关，申请注销公司登记，公告公司经营终止。

第十章　股东会会议认为需要规定的其他事项

第二十八条　公司登记事项以登记机关核定的办理，已经登记的事项发生变更的，应当到登记机关做变更登记；本章程其他未尽事宜按《中华人民共和国公司法》及有关法律法规执行。

第二十九条　本章程一式××份，每个股东各存1份，登记机关、公司各存1份。

全体股东签字（盖章）：

修订日期：××年××月××日

第三节 守则

一、守则的定义

汽车4S店守则是汽车4S店为了维护公共利益，向所属成员发布的一种要求自觉遵守的约束性公文。

二、守则的特点

1.原则性

守则的原则阐述多于具体要求，它在指导思想、道德规范、工作和学习态度等方面，提出基本原则，但不过多涉及具体事项和方法、措施。

守则的条文是一些基本的思想原则和道德规范，内容涉及思想、工作、学习、生活等方面。

2.约束性

守则用来规范人的道德、约束人的行为，通常在一个系统内部人人都要熟悉守则，人人都要遵守守则。它虽然不具有法律效力，也没有明显得强制性，但对有关人员的教育作用和约束作用还是很明显的。

3.完整性

守则一般篇幅都比较简短，但内容涉及成员应该遵循的所有基本原则和规范。为此撰写守则时要注意条目清晰，逻辑严谨。

三、守则的结构

1.标题和日期

（1）标题　守则的标题由适用对象加文种组成，如《员工守则》。

（2）日期　有些守则需要在标题下方正中加括号标注日期和发布机关（或通过守则的会议）。

2.正文

守则的篇幅一般比较简短，多采用通篇分条式写法。

如果内容复杂，为了更有条理性，也可采用条例、规定、章程、细则那样的章条式写法，由总则、分则、附则三部分组成，下面再分章，章下再分条，不过这种情况比较少见。

在正文的写作中，条与条之间的划分是否符合逻辑规律，能不能做到条理清楚、层次分明，是写作成败的关键。另外还要注意语言表达的简练、质朴、准确。

【范本】××汽车4S店员工守则

第一条　为规范员工言行、增强职业道德、建立良好的企业形象、充分发挥和协调员工的积极性，特制定本守则，全体员工必须遵守。

第二条　遵守劳动纪律，按时上下班，不迟到、不早退、不旷工；坚守工作岗位，不擅离职守，如有事、生病需提前请假。

第三条　遵守公司各项规章制度及合同条款；服从领导指挥，不怠工；接人待客礼貌热情，不卑不亢。

第四条　勤奋工作，努力学习，不断提高职业素质，大胆提出合理化建议。

第五条　各级人员分级管理、各负其责，上下级之间互相尊重，诚恳待人；发现错误，及时指出；说话办事态度和蔼。

第六条　同事之间和睦相处，加强团结，增进友谊；严于律己，宽以待人；热情主动地帮助他人解决困难。

第七条　爱护公司财务；厉行节约，不浪费；借公司物品要及时归还，做到不拖欠、不损坏。

第八条　确保工作安全，防止事故发生；发现险情要及时通知负责人或报警。

第九条　勇于同不良行为作斗争，及时排除可能发生的事端，禁止违反规章制度的行为。

第十条　严守公司秘密；实事求是，做到不谎报、不瞒报；不散播有损公司或他人名誉的谣言。

第十一条　不在外兼职或从事与本公司业务无关的工作。

第十二条　保持环境卫生、清洁、整齐；不损坏和涂抹公物，不乱扔废纸，不随地吐痰。

第十三条　不行贿受贿，不徇私舞弊，不作伪证，不恶意攻击诬陷他人。

第十四条　未经允许不准携带违禁品进入公司；不准将公司物品带离公司；不准带领外人进入公司，不准随意翻阅、查看不属于自己掌握的文件、信函、图纸、资料，不准随意使用他人计算机。

第十五条　发扬敬业精神，自觉维护公司利益和声誉。

第十六条　工作纪律。

1. 凡公司人员不得在工作时间做与工作无关的事，如玩计算机游戏等，违反者将扣除本人当月绩效工资，且其主管部门经理将扣除当月绩效工资一半；如若第2次被发现，公司将予以开除。

2. 禁止员工在办公室内抽烟（包括下班时间），违反者每次扣发工资50元。

3.为了保持公司良好的工作环境，禁止在办公室内喧哗、打闹，影响他人办公。

4.公司员工必须注意保持公司卫生，爱护公司公用设施、设备。

5.注意节约水、电，严禁浪费。

6.公司员工必须保持个人卫生的整洁，男士上班时间必须穿着正装；女士必须大方得体，不许穿奇装怪服。

7.公司除各部门业务以外，其他日常管理事宜由公司综合部统一负责。

公司会努力给大家创造一个良好、宽松、有序的工作环境，使每个人的能力得以充分发挥；同时好的工作氛围需要大家共同自觉维护。

第四节 细则

一、细则的定义

细则也称实施细则，是有关单位或部门为使下级单位或人员更好地贯彻执行某一法令、条例和规定，结合实际情况，对其所做的详细、具体的解释和补充。细则是应用写作研究的主要文体之一。细则一般由原法令、条例、规定的制定机构或其下属职能部门制定，与原法令、条例、规定配套使用，其目的是弥补原条文中的漏洞，使原条文发挥出应有的效果。

二、细则的特点

细则多是主体法律、法规、规章的从属性文件，它具有如下特点。

1.规范性

细则是对法律、法规和规章的补充说明或辅助性的规定，自然具有法律、法规、规章的规范特点。

2.补充性和辅助性

细则是主体法律、法规、规章的从属性文件，它对法令、条例、规定或其部分条文进行解释和说明。制定细则的目的是为了补充法律、法规、规章条文原则性强而操作性弱的不足，以利于贯彻执行。

3.操作性强

细则对有关法律、法规、规章的基本概念进行界定，规定具体适用的标准及执行程序，从而使主体规范性文件具有更强的操作性。

三、细则的结构

细则一般由首部和正文两部分组成。

1. 标题

细则的标题一般由“适用范围 + 实施 + 文种”构成。

2. 正文

细则的正文一般由总则、分则和附则三部分组成。

总则说明制作本细则的目的、根据、适用范围、执行原则；分则根据法律、法规、规章的有关条款制定出具体的执行标准、实施措施、执行程序和奖惩措施；附则说明解释权和施行时间，有的细则还对一些未尽事宜做出说明。

【范本】汽车4S店员工礼仪规范实施细则

第一章　总则

第一条　让用户满意是公司服务客户的理念核心，创造一个和谐、相互尊重、令人愉快的工作氛围是企业文化建设的组成部分。礼仪规范在其中起着相当重要的作用。

第二条　每一个员工的言行举止都会影响到客户、同事以及其他相关人员。遵守礼仪规范，是社会交往的需要，也是相互尊重的需要，更是一个人善良道德的体现。作为一个注重服务的企业，每一个员工都应该通过自己符合礼仪规范的行为来让客户、同事和其他相关人员获得愉悦的心情与融洽的同事关系，同时赢得友谊和别人的信任，使自己很好地融入群体，成为一个让客户认同、受社会欢迎并被广泛尊重的人。

第三条　为规范员工的言行举止，提升企业和员工自身形象，让客户满意，公司特制定本礼仪规范，希望所有员工严格按本规范手册执行。

第二章　容貌、服饰、体态规范

第四条　员工在工作场所必须保持仪表端庄整洁、朴素自然，并符合以下要求。

一、员工的头发、眼睛、口腔、指甲等必须保持清洁。指甲必须经常修剪，不得留长指甲；男性员工每日必须修面、不得蓄须；女性员工不得涂抹异色口红，对于眉毛、睫毛、眼影和指甲也不得做过多修饰。

二、员工必须保持发型整齐，不得卷、烫、染成外形怪异、另类的发型或发色；男性不能剃光头，不能留长发，头发不能遮耳。

三、员工上班前不能喝酒或吃葱、蒜之类有刺激性气味的食品。

四、面部表情应保持和善真诚，眼睛应明亮有神、亲切柔和，对所有前来公司的客户都必须面带微笑问好。

五、女性员工上班时间应化工作妆，保持朴素自然的容貌，但不得化浓妆、异妆。

第五条　员工在工作场所必须着工作服或职业装，并符合以下正规着装规范。

一、服装应干净、整洁，不得有褶皱、异味；服装表面、领口、袖口等不得有污渍、油迹、破损、开线、掉扣等状况。

二、职业装袖子长度应以达到手腕为宜，衬衣袖子长度应超过西装0.2～0.5厘米，衬衣袖口应系紧扣子。衬衣纽扣必须全部扣上，衬衣下摆应放入裤中。

三、不得敞开西装上装，单排扣西装如是两粒扣，只扣上面一粒，三粒扣西装只扣上两粒，如是双排扣西装则应将扣子全部扣上。

四、员工在工作场所必须佩戴工作牌，工作牌应统一佩戴在工作服或职业装的左胸位置上。

五、员工必须保持皮鞋干净光亮，不得有泥污。

第六条 在公司内或工作场所，员工应保持优雅的姿势和动作。站姿应符合以下规范。

一、女性站立时两脚呈T字形，一只脚略前，另一只脚略后，呈45度，前脚的脚后跟与后脚的内侧脚背靠拢。

二、男性站立时双脚呈V字形，稍微分开，与肩同宽，身体重心在两脚之间。

三、站立时腰背挺直，颈脖伸直，收腹提臀，双肩展开，身体正直平稳，不东倒西歪，不耸肩，双臂自然下垂或双手在体前自然交叉；双眼平视或注视对方，不斜视或东张西望；嘴微闭而面带笑容；不能有弯脖、斜腰、挺腹、屈腿、抖腿、重心不稳、双手插兜、身体乱晃等不适当的行为，也不要将双臂抱在胸前。

第七条 坐姿应符合以下规范。

一、入座应轻柔平稳，不要猛起猛坐，碰得桌椅乱响或带倒桌上的茶具。

二、入座后坐姿应上身自然挺直，端庄而面带微笑，双肩平稳放松，双目平视，下颌稍向内收，脖子挺直，胸上挺，腹内收，背不靠椅子，重心垂直向下，双脚平落在地，双手自然交叉放在腿上或桌上，两膝并拢或稍微分开。

三、女性坐下时应两腿并拢，小腿往右内侧并拢斜放，两手自然交叉放于大腿或桌上。

四、不得傲慢地把脚向前伸或向后伸，或俯视对方；也不得将身体后躺在座椅上或趴在写字台上，或手托下巴，更不能把脚架在椅子、沙发扶手或茶几上。

第八条 走姿应符合以下规范。

一、员工在行进中，与别人碰面时应微笑问好，侧身让道；在狭窄的通道上，遇到急事要超越别人，如果可以超越，应加快步伐尽量从右侧超越，超越后再回头点头致意，并说“对不起”；当无法超越需要别人让道时，应说“对不起”，超越后再回头道谢；一般不应在公共场所跑动。

二、引导客人行进时，应主动问好，指示方向，走在客人的左前方1.5～2步距离处，身体略微侧向客人；行进中如与客人交谈，应走在客人前面半步距离处或基本与客人保持平行，转弯时应先伸手向客人指示方向。

第九条 手势。

与人交谈时，手势应准确自然，符合规范；使用手势时幅度应适中，客人容易理解，

不至于引起别人的反感或误会；应尊重客人的风俗习惯，注意手势与语言相结合，不能使用客人不理解或可能引起客人误会和反感的手势，绝不能用手指对方。

第十条　在工作或公共场所，员工的下列行为应该禁止或尽量避免。

一、面对别人打喷嚏、打哈欠、伸懒腰、搔痒、揉眼睛、搔头发、搓鼻子、挖耳朵、挖眼屎、搓泥垢、剔牙、修指甲、照镜子、化妆。

二、跺脚或摆弄手指关节，发出“咔咔”声。

三、随地吐痰、乱扔烟头或杂物，发现乱扔的杂物应随手拾起。

四、在工作场所做其他不雅的动作。

第五节　简报

一、简报的定义

简报是传递某方面信息的简短的内部小报。其具有简短、灵活、快捷的特点。简报又称“动态”“简讯”“要情”“摘报”“工作通讯”“情况反映”“情况交流”“内部参考”等。也可以说，简报就是简要的调查报告、情况报告、工作报告、消息报道等。

二、简报的特点

1.内容专业性强

简报一般由有关单位、部门主办，专业性十分明显，由主办单位组织专人撰写，传递该项工作的各种信息，包括情况、经验、问题和对策等，一般性的内容少写，无关的内容不写，专业性的内容多写。

2.篇幅特别简短

一期简报甚至只登一篇文章，几段信息，或一期登几篇文章，总共一两千字，长的也不过三五千字，读者可以用很短的时间把它读完，适应现代快节奏工作的需要。简报的语言必须简明精炼。

3.限于内部交流

简报一般用在编报机关管辖范围内各单位之间交流，不宜甚至不能公开传播，特别是涉外机关和专政机关主办的简报更是如此。有的简报，往往是专给某一级领导人看的，有一定的保密要求，不能任意扩大阅读范围。

三、简报的种类

简报的种类如表4-1所示。

表4-1 简报的种类

序号	类别	内容
1	日常工作简报	（1）日常工作简报又称业务简报。这是一种反映本地区、本系统、本部门日常工作或问题的经常性简报 （2）日常工作简报包含的内容较广，工作情况、成绩问题、经验教训、表扬批评，对上级某些政策或指示执行的步骤与措施都可以反映。它常以定期或不定期的形式出现，在一定范围内发行
2	中心工作简报	（1）中心工作简报又称专题简报，它是一种阶段性的简报 （2）中心工作简报往往是针对机关工作中某一时期的中心工作、某项中心任务办的简报，中心工作完成，简报也就停办了
3	会议简报	（1）会议简报是会议期间反映会议情况的简报，它是一种临时性的简报，内容包括会议中的情况、发言及会议决定等 （2）规模较大、时间较长的会议常要编发多期简报，起到及时交流情况和推动会议的作用。小型会议一般是一会一期简报，常常在会议结束后，写一期全面性总结的会议简报来反映情况
4	动态简报	动态简报包括情况动态和思想动态。这类简报的时效性、机密性较强，要求迅速编发，发送范围有一定限制，在某一个时期、某一阶段要保密

四、简报的结构

尽管简报的种类很多，但其结构也有共同之处，一般都包括报头、标题、正文和报尾四个部分，有些还由编者配加按语，成为五个组成部分。

简报一般都有固定的报头，包括简报名称、期号、编发单位、发行日期、保密等级和保存要求、编号等，具体如图4-3所示。

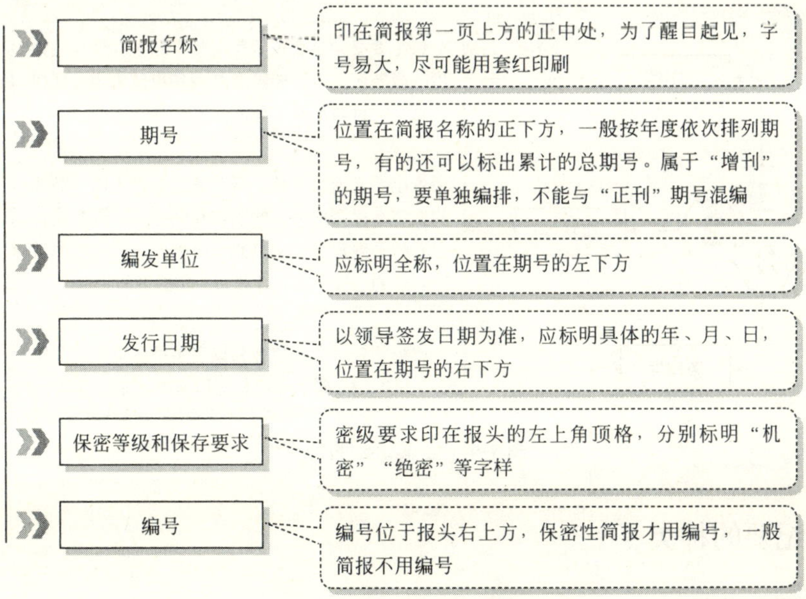

图4-3 简报的报头组成

报头部分与标题和正文之间一般都用一条粗线隔开。

有些简报根据需要，还应标明密级，如“内部参阅”“秘密”“机密”“绝密”等，位置在简报名称的左上方。

报尾部分应包括简报的报、送、发单位。报，指简报呈报的上级单位；送，指简报送往的同级单位或不相隶属的单位；发，指简报发放的下级单位。如果简报的报、送、发单位是固定的，而又要临时增加发放单位，一般还应注明“本期增发×××（单位）”。报尾还应包括本期简报的印刷份数，以便于管理、查对。报尾部分印在简报末页的下端。

第六节 会议纪要

一、会议纪要的定义

会议纪要是用于记载、传达会议情况和议定事项的公文。它不同于会议记录，对企事业单位和机关团体都适用。

二、会议纪要的特点

会议纪要主要有三个特点，具体如图4-4所示。

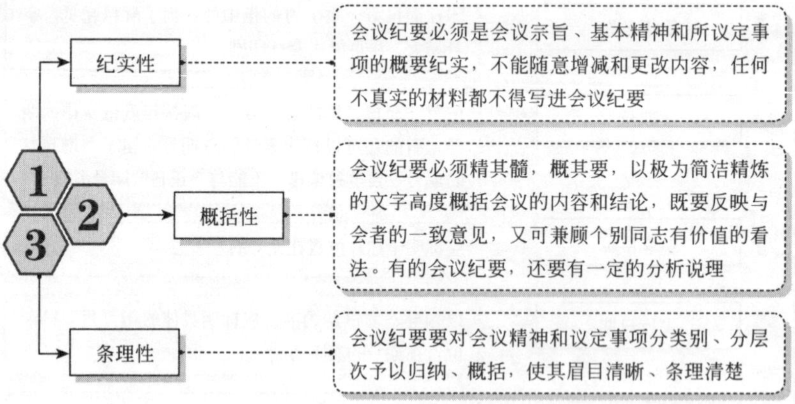

图4-4　会议纪要的特点

三、会议纪要的种类

会议纪要主要有六种，具体详见表4-2所示。

表4-2 会议纪要的种类

序号	名称	内容
1	工作会议纪要	它侧重于记录贯彻有关工作方针、政策及其要解决的问题，如《全国民族贸易和民族用品生产工作会议纪要》《全省新能源汽车发展工作会议纪要》
2	代表会议纪要	它侧重于记录会议议程和通过的决议，以及今后工作的建议，如《××省第一次汽车行业经营者代表会议纪要》
3	座谈会议纪要	它的内容比较单一、集中，侧重于在工作、思想、理论、学习的某一个问题或某一方面的问题，如《整顿治安座谈会纪要》
4	联席会议纪要	它指不同单位和团体，为了解决彼此有关的问题而联合举行会议，在此种会议上形成的纪要。它侧重于记录两边达成的共同协议
5	办公会议纪要	对本单位或本系统有关工作问题的讨论、商定、研究、决议的文字记录，以备查考
6	汇报会议纪要	这种会议侧重于汇报前一段工作情况，研究下一步工作

四、会议纪要的结构

1. 标题

会议纪要的标题有如下两种格式。

① 会议名称加纪要，也就是在“纪要”两个字前写上会议名称，如《全国财贸工会工作会议纪要》。会议名称可以写简称，也可以用开会地点作为会议名称。

② 把会议的主要内容在标题里揭示出来，类似文件标题式。如《关于加强纪检工作座谈会纪要》。

2. 开头

会议纪要的开头简要介绍会议概况，包括以下内容。

① 会议召开的形势和背景。

② 会议的指导思想、目的和要求。

③ 会议的名称、时间、地点、与会人员、主持者。

④ 会议的主要议题或解决什么问题。

⑤ 对会议的评价。

3. 文号格式

文号写在标题的正下方，由年份、序号组成，用阿拉伯数字全称标出，并用“〔〕”括入，如〔××〕88号。办公会议纪要对文号一般不做必需的要求，但是在办公例会中一般要有文号，如“第××期”“第××次”，写在标题的正下方。

4. 制文时间

会议纪要的时间可以写在标题的下方，也可以写在正文的右下方、主办单位的下面，要用汉字写明“年、月、日”，如“二〇一七年八月十六日”。

5. 正文

正文是纪要的主体部分，是对会议的主要内容、主要精神、主要原则、基本结论和今后任务等进行具体的阐述。

6.结尾

会议纪要结尾的一般写法是提出号召和希望，但要根据会议的内容和纪要的要求确定，有的是以会议名义向本地区或本系统发出号召，要求广大干部认真贯彻执行会议精神；有的是突出强调贯彻落实会议精神的关键问题，指出核心问题；有的是对会议做出简要评价，提出希望与要求。

7.落款

会议纪要的落款包括署名和时间两项内容。署名只用于办公室会议纪要，署上召开会议的领导机关的全称，下面写上成文的年、月、日，并加盖公章。一般会议纪要可不署名，只写成文时间，并加盖公章。

五、注意事项

会议纪要的编写要注意以下问题，具体如图4-5所示。

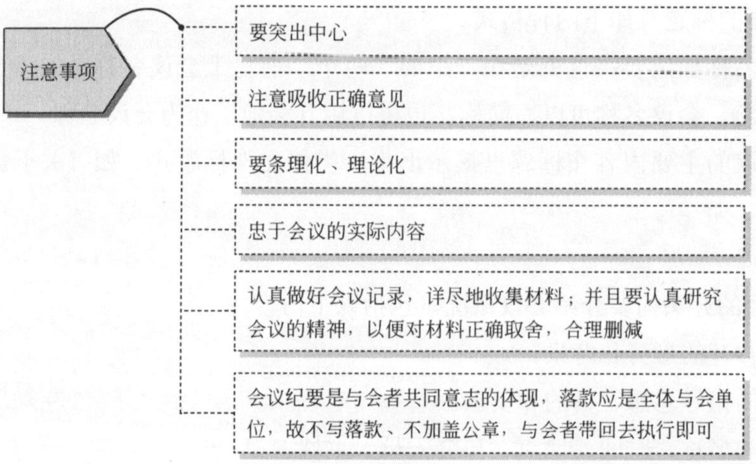

图4-5　注意事项

【范本】××公司××年第××周业务分析会议纪要

第××次

一、时间：××年××月××日

二、地点：×××××××××

三、主持人：××

四、参会人员：××、××、××、××、××、××

五、记录人：××

六、会议内容：一周客户来店（来电）数据分析

1. 上周四相关数据

<table>
<tr><td colspan="4">本周意向客户数量</td><td rowspan="2">本周成交客户数量</td><td rowspan="2">本周成交率</td><td colspan="6">意向客户类别</td></tr>
<tr><td colspan="2">进店客户数量</td><td colspan="2">来电客户数量</td><td>7日订车可能</td><td>15日订车可能</td><td>30日订车可能</td><td>2～3月订车可能</td><td>订车</td><td>交车</td></tr>
<tr><td colspan="2">××</td><td colspan="2">××</td><td>××</td><td>××</td><td>××</td><td>××</td><td>××</td><td>××</td><td>××</td><td>××</td></tr>
<tr><td colspan="3">客户关注要点</td><td colspan="9">了解渠道</td></tr>
<tr><td>价格</td><td>性能</td><td>其他</td><td>互联网</td><td>电视广告</td><td>报纸广告</td><td>老客户介绍</td><td>电台广告</td><td>展览展示</td><td>路过销售店</td><td>户外</td><td>其他渠道</td></tr>
<tr><td>××</td><td>××</td><td>××</td><td>××</td><td>××</td><td>××</td><td>××</td><td>××</td><td>××</td><td>××</td><td>××</td><td>××</td></tr>
</table>

客户选择分析：车辆外观、大小、配置在目前城市市场和价格上相比有不错的优越性。

客户不选择分析：大部分客户主要还是考虑品牌不够响亮。

话术研讨：××

2. 区域销售经理总结

（略）

本次会议要求××公司全体员工重视起客户来店的数据分析，使公司更加了解客户的需求，以此改进我们的产品和服务。

公章（略）

××年××月××日

第五章 汽车4S店商务文书写作

第一节 合同

一、合同的定义

《中华人民共和国合同法》（简称《合同法》）第2条规定：合同是平等主体的自然人、法人、其他组织之间设立、变更、终止民事权利和义务关系的协议。

合同又称为契约、协议，作为一种民事法律行为，是当事人协商一致的产物，是两个以上当事人的意思表示相一致的协议。只有当事人所表达出的意思合法，合同才具有法律约束力。依法成立的合同从成立之日起生效，具有法律约束力。

二、合同的内容

根据《合同法》第12条规定：合同的内容由当事人约定，一般包括以下条款。

（1）当事人的名称或者姓名和住所。

（2）标题。

（3）数量。

（4）质量。

（5）价款或者报酬。

（6）履行期限、地点和方式。

（7）违约责任。

（8）解决争议的方法。

三、订立合同的原则

根据《合同法》规定，缔约当事人在订立合同的过程中应当遵守五个原则，即当事人地位平等原则、自愿原则、公平原则、诚实信用原则和善良风俗原则。

第三条：合同当事人的法律地位平等，一方不得将自己的意志强加给另一方。

第四条：当事人依法享有自愿订立合同的权利，任何单位和个人不得非法干预。

第五条：当事人应当遵循公平原则确定各方的权利和义务。

第六条：当事人行使权利、履行义务应当遵循诚实信用原则。

第七条：当事人订立、履行合同，应当遵守法律、行政法规，尊重社会公德，不得扰乱社会经济秩序，损害社会公共利益。

四、合同的结构

合同的结构一般由标题、正文、署名与日期三部分组成。

1.标题

标题一般直接说明合同的种类，如“汽车销售合同”，也可以直接写明签定合同的双方单位和合同项目。

标题下方应标明合同编号。

2.正文

（1）当事人　当事人首次出现应写全称，可用括号标明简称。

（2）正文条款　合同的主要条款按前文所述，共有8条。

因合同事项需求，可根据当事人协商另加附则。

3.署名与日期

署名即签约单位或个人。署名时应写双方单位的全称，加盖双方单位公章或合同专用章，注明双方的地址、电话、联系人等。最后双方代表签名，签约日期位于签约单位下方，日期应写全年、月、日，不得省略。

【范本】××汽车4S店销售合同

合同编号：××××××××

甲方（卖方）：____________________　经办人：__________　电话：____________

地址：__________________________　电话：__________________

乙方（买方）：____________________　身份证号码：__________________________

地址：__________________________　电话：__________________

甲、乙双方根据《中华人民共和国合同法》及有关法律、法规的规定签订本合同。

一、标的车辆状况

品牌：______________________型号：______________车身颜色：______________

坐椅颜色/材质：____________发动机号：______________车架号：________________

自排挡或手排挡：___________产地：______________制造商：_______________

出厂日期：__________________

二、价款及支付方式

总价款为人民币______元，该金额由以下几部分构成。

1.车价______元。

2.购置税______元。

3.本合同第五条第______款的代办费______元。

付款方式及时间（ ）：________________。

1.一次性付款。

2.分期付款：签合同时付定金______元，余款提车前付清。

3.按揭贷款（ ）。

（1）如果银行同意对乙方贷款则本合同生效，乙方在签合同时向甲付首付款______元，银行贷款入甲方账户视为乙方付清全款；如果银行不同意对乙方贷款则本合同不生效。

（2）无论银行是否同意贷款，本合同均为有效。银行不同意贷款的，改由乙方向甲方现金支付全部车款。签合同时付定金______元，余款提车前付清。

三、车辆交付

1.交付时间：____________。

2.交付地点：××汽车4S店。

3.乙方可书面委托甲方代办运输事项，所需费用由乙方承担，甲方将车辆交付给第一承运人的地点和时间为交付的地点和时间。

4.由于乙方联系方式变更并未能及时通知甲方，导致甲方无法联系到乙方时，甲方在合同约定交货时间截至1周后可以自行处理合同车辆，并有权不退还已收定金。

5.车辆交付完成时，甲、乙双方应共同在交接单上签字，乙方所购车辆的所有权从甲方转移至乙方。

四、甲方同意向乙方赠送以下设备、配件：____________________________________

____。

五、经乙方书面委托，甲方可向乙方提供以下服务。乙方打勾选定如下服务项目，同时应按甲方和保险公司、银行、车辆登记机关的要求提供所需的文件和证明，并承担相关费用。

1.代理乙方向保险公司购买汽车保险。

2.代理乙方向银行办理汽车贷款。

3.代理乙方为所购汽车上牌。

六、车辆质量、验收和维修

1.甲方向乙方出售的汽车，其质量必须符合国家颁布的汽车质量标准和汽车行业标准。必须是在《全国汽车、民用改装车和摩托车生产企业及产品目录》上备案的汽车或合法的进口汽车。

2.甲方在交付车辆时必须向乙方提供以下书面文件。

（1）汽车销售发票（车价）。

（2）车辆合格证、海关进口证明和商品检验单（进口车）。

（3）保修卡或保修手册。

（4）中文说明书。

（5）随车工具及附件。

3. 乙方在提车时应认真检查甲方所提供的车辆证件、手续是否齐全，并对该车的外观、使用性能进行检查、确认。

4. 甲方应按照随车资料办理合同车辆的质量担保、保养和维修。

5. 因下列原因造成车辆损坏、其他财产损失或者第三人人身和财产损失，由乙方负责。

（1）乙方运输、移动、保管、维修车辆不善。

（2）未经汽车生产厂商或甲方许可，自行拆卸或改装车辆。

（3）车辆发生正常或者自然磨损或者腐蚀。

（4）乙方违反国家法规、说明书中的规定来使用、保养、维修车辆。

（5）乙方在车辆上使用了非汽车生产厂商指定的零部件。

（6）车辆被征用、盗抢或被用于比赛竞技、表演娱乐、试验、军事行动等特殊使用情况。

（7）第三方或者外力所导致的损害和损失。

（8）其他不由甲方负责的情况。

七、违约责任

任何一方违反本合同约定的，须承担违约责任。守约方有要求无偿修理、支付违约金、继续履行本合同、解除本合同等权利。

1. 乙方逾期支付价款，每逾期1日，按车辆价款的万分之三向甲方支付违约金。逾期付款超过1个月的，甲方有权解除合同，不退还已付定金并有权要求乙方赔偿损失。

2. 甲方逾期交付合同车辆，每逾期1日，按车辆价款的万分之三向乙方支付违约金。逾期交付合同车辆超过1个月的，乙方有权解除合同，有权要求甲方退还定金并承担赔偿责任。

八、争议解决

与本合同有关的任何争议，由双方当事人协商解决；协商不成，任何一方均可以向甲方所在地的人民法院提起诉讼。

九、本合同经甲乙双方签字盖章后即生法律效力；本合同一式两份，甲乙双方各持一份。未尽事宜，双方签订补充协议，补充协议与本合同具有同等法律效力。

甲方（签字或盖章）：________	乙方（签字或盖章）：________
公章（略）	公章（略）
电话：________	电话：________
联系人：________	联系人：________
____年___月___日	____年___月___日

第二节 招投标书

一、招标书与投标书的定义

1. 招标书

招标书又称招标通告、招标启事、招标广告，它是将招标主要事项和要求公告于世，从而使众多的投资者前来投标。一般都通过报纸、广播、电视等公开传播媒介发表。在整个招标过程中，它属于首次使用的公开性文件，也是唯一具有周知性的文件。

2. 投标书

投标书是指投标单位按照招标书的条件和要求，向招标单位提交的报价并填具标单的文书。它要求密封后邮寄或派专人送到招标单位，故又称标函。它是投标单位在充分领会招标文件、进行现场实地考察和调查的基础上所编制的投标文书，是对招标公告提出要求的响应和承诺，并同时提出具体的标价及有关事项来竞争中标。

二、招标书的种类

1. 按方式划分

招标书分为公开招标、邀请招标。

2. 按时间划分

招标书分为长期招标书和短期招标书。

3. 按内容及性质划分

招标书分为企业承包招标书、工程招标书、大宗商品交易招标书。

4. 按招标范围划分

招标书分为国际招标书和国内招标书。

三、招标书的结构

招标书一般由标题、正文、结尾三部分组成。

1. 标题

招标书的标题写在第一行的中间。常见写法有四种，如图5-1所示。

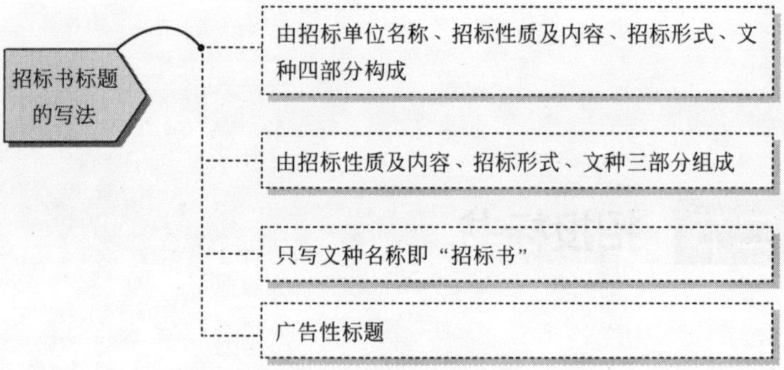

图5-1　招标书标题的写法

2.正文

招标书的正文由引言、主体部分组成。

招标书的引言部分要求写清楚招标依据、原因。

招标书的主体部分要翔实交代招标方式（公开招标、内部招标、邀请招标）、招标范围、招标程序、招标内容的具体要求、双方签订合同的原则、招标过程中的权利和义务、组织领导、其他注意事项等内容。

3.结尾

招标书的结尾，应签署招标单位的名称、地址、电话等。

四、投标书的结构

1.标题

投标书标题正中写明“投标申请书”“投标答辩书”或“投标书”即可。

2.正文

投标书正文由开头和主体组成。

（1）开头　即写明投标的依据和主导思想。

（2）主体　即应把投标的经营思想和经营方针、经营目标、经营措施、要求、外部条件等内容具体、完整、全面地表述出来，力求论证严密、层次清晰、文字简练。

3.落款

投标书的落款应写明投标单位（或个人）的名称和投标日期。

【范本】××汽车4S形象店设计方案招标文件

第一章　投标邀请书

致：______公司

××集团有限公司根据经营需要拟进行招标。兹邀请合格投标人前来投标。

招标项目名称：××汽车4S形象店设计方案招标。

一、应标回执及保密协议签署。

二、投标截止时间：××年××月××日17时，逾期不予受理。

三、公开招标时间和地点：暂定于××年××月××日9时在××集团有限公司办公楼三楼会议室公开招标。届时请投标代表出席（具体时间安排以我司书面通知为准）。

四、招标文稿的内容：以“××汽车4S形象店设计方案”为主题。

五、投标书内容要求：详见“第二章　投标须知”。

六、联系方式如下

联 系 人：××

手　　机：××××××

电　　话：××××××

传　　真：××××××

地　　点：××省××市经济开发区××工业园××集团有限公司网络部

邮政编码：××

××集团有限公司

××年××月××日

第二章　投标须知

1.项目描述：××汽车4S形象店设计方案。

2.招标方式：以邀请招标方式进行。

3.合格投标人：投标人必须满足招标文件中规定的各项要求。

4.投标费用：投标人应承担所有与准备和参加投标有关的费用。无论投标的结果如何，招标人对上述费用不承担任何义务和责任。经招标人允许，投标人可以对项目的现场进行考察（无论中标与否，投标书概不退还）。

5.投标书内容要求（投标书副本份数：2份）。

（1）公司简介（公司成立时间、行业经验等基本信息简介）。

（2）针对××汽车的专业服务团队简介。

（3）投标人资格证明文件。

① 企业法人营业执照复印件上须加盖公章（经年检）。

② 税务登记证复印件。

③ 投标法人授权书复印件。

④ 投标人身份复印件。

（4）招标的比稿内容：××汽车4S形象店设计方案和预算费用。

（5）项目报价：投标文件需包括××4S店整体结构效果图、4S店内部布局效果图、4S店VI形象效果图、4S店平面布局图、设计文字说明、4S店建设预算报价和4S店设计费用报价。报价应是招标文件所确定的招标范围内的全部工作内容的价格体现。投标人未单独列明分项价的将视该项目的费用已包含在其他分项中，合同执行中不另予支付。

（6）标书的制作签署：投标文件需打印或用不褪色墨水书写，并由投标人盖章或经其正式授权并对投标人有约束力的代表签字。授权代表须出具《授权委托书》，并附在投标文件中。投标文件应由投标人加盖骑缝章或其授权代表逐页签字。

（7）标书的密封：投标人应将投标文件密封装在信封中，并加盖公司印章。

（8）标书的修改撤回：投标人可以对其已递交的投标文件进行修改或撤回，招标人在投标截止期之前收到的修改文件或撤回通知有效。修改文件或撤回通知须经有效签署。

（9）投标文件初审

如发现有下列情形之一的，其投标将被拒绝。

① 资格证明文件不全的。

② 超出经营范围投标的。

③ 投标文件无盖章，或签字人无有效授权书的。

④ 投标截止期之后收到投标文件的。

6. 投标文件的澄清。

要求对投标文件进行澄清的投标人应以书面或传真方式通知招标人。对投标截止期以前收到的对招标文件的澄清要求，招标人以书面或传真方式予以答复，同时该答复提供给每个招标文件的收受人（答复中不标明问题的来源）。

7. 招标文件的修改。

招标人可因任何原因，在投标截止期前对招标文件进行修改。招标文件的修改将以书面或传真方式通知所有招标文件的收受人，并对其具有约束力。招标文件的收受人在收到上述通知后，应立即向招标人回函确认。投标人将被视为编制投标文件时已考虑了上述修改。招标人可酌情延长截标日期，并以书面或传真方式通知招标文件收受人。

8. 取消招标权利。

招标人在中标通知发出之前的任何时候，有权取消本次招标，对因此而受影响的投标人不承担任何责任，也没有义务向受影响的投标人解释采取这一行动的理由。

9. 中标通知书。

招标人以书面方式向中标人发出中标通知书，发出即生效。中标通知书对招投标双方均具有法律约束力。若一方不履行的，均应负法律责任。

10. 合同的签署。

中标人应在收到中标通知书7日内与招标人签订合同。

第三章　投标标的

××汽车合作的设计公司须提供的服务：汽车4S店结构设计方案、汽车4S店形象标识设计方案、设计说明、4S店建设及装修费用预算报告和××4S店建设装修技术指导。

注：投标公司应服务过5个以上相关行业的客户并拥有3年以上相关行业的服务经验。

第四章　评标标准

1. 评标坚持平等竞争、公正合理的原则

（1）对所有投标方的评估，都采用相同的程序和标准。

（2）评标严格按照招标文件的要求和条件进行。

（3）在本招标文件中没有指定的其他技术参数资料，将在开标后由评标小组成员根据具体情况进行调整。

2.评标量化项目

（1）公司实力。

（2）投标方案及报价。

（3）汽车4S店的熟悉程度与把控能力。

（4）汽车行业的服务经验。

（5）提供服务团队的素质和专业水平。

（6）服务项目的承诺。

（7）其他。

第五章　相关附件

一、公司简介

（略）

二、××4S店××年VI形象标识

（略）

三、收到招标文件确认函

本公司已通过__________方式于______年___月___日收到××集团有限公司发送的关于"××汽车4S形象店设计方案"的招标文件。

特此回函确认！

××集团有限公司

投标单位（公章）:（略）

______年___月___日

第三节 可行性报告

一、可行性报告的定义

可行性报告又叫可行性研究报告，是从事一种经济活动（投资）之前，双方要从经济、技术、生产、供销直到社会环境、法律等各种因素进行具体调查、研究、分析，确定有利和不利的因素、项目是否可行，估计成功率大小、经济效益和社会效果程度，为决策者和主管机关审批的上报文件。

二、可行性报告的特点

1. 科学性

可行性报告作为研究的书面形式，反映的是对该项目的分析、评判，这种分析和评判应该是建立在客观基础上的科学结论，所以科学性是可行性研究报告的第一特点。

2. 详备性

可行性研究报告的内容越详尽越好。只有经过详细地研究论证之后，其“可行性”或“不可行性”才能显现，并获得批准通过。

3. 程序性

可行性研究报告是决策的基础。为保证决策的科学正确，一定要有可行性研究这一个过程，最后的获批也一定要经过相关的法定程序。

三、可行性报告的写作要求

对可行性研究报告的写作要求主要体现在以下几个方面。

① 必须站在客观公正的立场中进行调查研究，做好基础资料的收集工作。对于收集的基础资料，要按照客观实际情况进行论证评价，如实地反映客观经济规律，从客观数据出发，通过科学分析，得出项目是否可行的结论。

② 可行性研究报告的内容深度必须达到国家规定的标准，基本内容要完整，应尽可能多地占有数据资料，避免粗制滥造，搞形式主义。

③ 为保证可行性研究的工作质量，应保证咨询设计单位有足够的工作周期，防止因各种原因的不负责任或草率行事。

【范本】××汽车4S店可行性研究报告

第一章　总论

一、项目名称、建设单位、法人代表和建设单位概况

1. 项目名称

××汽车4S店

2. 建设单位

××汽车服务有限公司

3. 法人代表

××。

4. 项目申报企业概况

（略）

二、项目概况

1. 建设地址

×××××××××。

2. 建设性质

新建。

3. 建设工期

10个月。

4. 建设具体内容与规模

（1）主体工程：工程用地16670平方米，拟建的4S店，总面积8000平方米，办公楼1000平方米，可停50辆车的2000平方米停车场，以及室外道路等。

（2）设备购置：汽车清洗维修设备、实验设备若干。

（3）配套必要的公用和辅助工程及装修等。

5. 投资估算及资金筹措

（1）项目总投资估算8888万元，其中固定资产投资7000万元，铺底流动资金1888万元。

（2）资金筹措：全部为建设单位自筹。

第二章　项目建设的背景和必要性

一、项目建设的背景

（略）

二、项目投资的必要性

随着××市建设的逐步开展，人们的经济状况得到改善，居民的消费观念也有了大大的改观，汽车已经成为人们工作和生活中不可或缺的工具，××市汽车数量尤其是私家车数量激增，随着居民私人汽车保有量的增加，汽车修理和服务的需求越来越大。但目前××市汽车销售及服务体系并不完善，有时人们选购汽车只能去汽车种类更多的××等地，这无形中增加了购买的成本，也花费了更多的时间和精力。更主要的是在售后服务、维修保养等方面造成了极大不便，甚至得不到相应的保障，这给大部分购买车辆的人带来了阻力和顾虑，同时也降低了财政和税收收入。

第三章　项目选址

一、项目选址的原则和技术要求

1. 符合国家、地区和城乡规划的要求。

2. 安全原则，需防洪、防震、防地质灾害。

3. 节约项目用地。

4. 实事求是的原则，对多个场址调查研究，进行科学分析和对比。

5.注意环境保护，以人为本，减少对生态和环境的影响。

6.交通和运输便捷。

7.公用工程连接方便（如各种管网系统）等。

二、项目地址方案

项目建设地址选择在××市××区××镇，项目区交通运输十分便捷，占地面积16670平方米。

三、建设地址的环境状况

1.建设地址选择在××镇，公用工程配套设施较好，有利于项目的建设。

2.建设范围内及附近无电台和军用设施，无风景名胜区，地下无矿藏和文物。

3.施工用电、用水极易解决。

4.自然环境和其他条件完全符合建设要求。

第四章　环境保护、消防措施及劳动保护和安全卫生

一、环境保护和消防

1.环境保护

项目建设施工按照项目设计规定及有关环保标准进行设计。做到“三同时”，即环境治理设计与项目的主体工程同时设计、同时施工、同时投产使用。该建设工程中生产装置产生的噪声不多，噪声量也不大，最大的在80分贝以下。

2.消防

根据有关消防规范，结合实际情况，本项目消防设施以水消防为主，化学消防为辅。

3.安全可靠性评述

本项目采取“预防为主”的方针，从工艺布置、总图布置、火灾危险性的划分、建筑设计上都以安全防火为出发点，系统地进行了全面考虑。总之，本项目采取以上消防措施后，严格按照规范进行施工，认真执行操作规程，杜绝储存场所火灾发生的可能性，并使防火安全得以保证。

二、劳动保护和安全卫生

项目劳动保护和安全与工业卫生设计，遵守中华人民共和国原劳动部令第3号《建设项目（工程）劳动安全卫生监察规定》。坚持安全设施与主体工程“三同时”，即同时设计、同时施工、同时投入生产和使用，以确保本工程投产后符合劳动安全卫生要求。

第五章　投资估算与资金筹措方案

一、投资估算

根据现行建设项目可行性研究阶段投资估算有关规定，项目总投资估算8888万元，其中固定资产投资7000万元。在固定资产投资中，建安工程费用4000万元，设备和设施购置费用2000万元，工程建设其他费用600万元，基本预备费用400万元。铺底流动资金为1888万元，详见下表。

项目建设总投资估算表

单位：万元

序号	项目名称	建筑	设备购置费	其他费用	合计	占总投资比例/%
一	工程费用					
1	4S店主体工程	2000	600	0	2600	—
2	办公楼	500	500	0	1000	—
3	装潢及附属设施	500	400	0	900	—
4	安装工程	1000	500	0	1500	—
	共计	4000	2000	0	6000	—
二	工程建设其他费用	—	—	600	600	6.80
三	基本预备费	—	—	400	400	4.50
四	建设期利息	—	—	—	—	—
五	铺底流动资金安排	—	—	1888	1888	21.20
	总计	4000	2000	2888	8888	—

二、资金筹措方案

项目建设估算总投资8888万元，全部由建设单位自筹。

第六章 投资项目的经济效益评价

一、财务评价

1.项目收入测算

根据企业经营状况和市场行情，年可新增销售收入9350万元，详见下表。

项目收入测算表

序号	项目	预计销售量/辆	单价/万元	销售收入/万元
1	中低档价位汽车	60	15	900
2	中档价位汽车	150	24	3600
3	中高档价位汽车	60	40	2400
4	高档价位汽车	20	80	1600
5	零部件销售及维修等收入	上述收入的10%计算		850
	合计			9350

2.项目成本分析

项目成本分析表

单位：万元

序号	成本项目	指标	备注
1	整车零配和采购	4500	
2	外购燃料及动力费	100	汽车油料、水电费
3	工资及福利费	300	按100人，人年均3万元
4	其他制造成本	100	

续表

序号	成本项目	指标	备注
5	营业费用	200	
6	管理费用	300	含广告、运输、折旧等费用
7	其他费用	500	含行政管理费用、销售费用等
	总成本费用合计	6000	

3. 财务盈利能力分析

利润总额3350万元，所得税837.5万元，净利润2512.5万元，固定资产投资收益率28.3%。

4. 财务评价结论

通过财务分析，各项指标均较理想，项目有较强的抗风险能力。各项指标的计算结果表明该项目投资财务效益是可行的。

二、项目社会效益分析

1. 项目的实施立足××开发区、××工业开发，着眼××都市圈和长江三角洲，为××市和××区加快工业化进程增加了一项重要工程。

2. 为全面建设小康社会与构建和谐型社会创造优越条件。

3. 扩大就业，增加税收和当地群众收入。项目建成后，直接就业人数约100人，间接就业人数在300人以上。

第七章　项目风险分析与控制、投资风险分析

一、经营风险分析

1. 汽车品牌风险

从品牌角度分析，目前国内的4S店有三种状态。

一是弱势品牌。这些4S店最大的软肋是品牌处于劣势，用户群体狭窄，市场做不大，甚至萎缩，发展趋势不是被兼并就是倒闭。

二是大众化品牌。这些4S店的“致命伤”是同区域多家竞争。有的品牌供应商为了多销车，不顾经销商利益，盲目发展营销网络，销售服务能力远远超过当地市场需求量，造成4S店之间的恶性竞争，导致经营利润降低及经营困难，使部分4S店挣扎在盈亏边缘。

三是强势品牌。这些4S店由于经营多年，具备了市场基础，即使在整车销售利润下降时，仍可通过规模效益和售后维修以丰补歉。

2. 4S店投资风险

汽车经销商获得品牌专卖权的市场是一个卖方市场。品牌供应商要求高、可选择的对象少。尽管要求高、投资风险大、销售品种单一，还要被动接受品牌供应商未来的发展控制等不利因素，但紧俏汽车品牌供应商在一个地区征集经销商的消息仍然一呼百应。此外，由于4S店对品牌供应商有极为明显的依附性，其经营的优劣，除了自身的努力外，更受品牌供应商的影响，因此，经销商在建4S店之前，只能根据自己的判断，冒着风险投资。

3. 车辆维修风险

在整个汽车销售获利过程中，整车销售和维修服务获利是主要部分，其对4S店的重要性显而易见。但由于我国汽修行业准入门槛低，汽修厂、站、店"遍地开花"，同时汽车厂供应的原厂配件价格高于市场供应的数倍，因此导致客户流向更加难以控制，4S店想靠维修保障利润难度较大。

4. 现金流量风险

为了满足市场需求或是品牌供应商的存货储备要求，现在4S店一般都面临资金流问题，汽车占用备货资金是4S店的首道难题。4S店往往是利用一些短期融资来解决资金筹集，而市场适销程度和品牌供应商商务政策的变化，时刻影响着4S店资金流的速度。资金流转不顺畅、额外利息的支出，都会直接影响4S店的经济运行质量。

二、市场风险分析

1. 市场环境制约

由于我国市场经济体制还处在发展和完善之中，近几年市场规范程度较低，在一定程度可能影响到公司的发展。

2. 市场开发风险

未来我们的市场定位是立足本地，着眼长江三角洲，市场开发的效果如何，存在一定的不确定性。

三、政策性风险分析

1. 行业政策风险

国家对汽车行业的管理正在逐步完善之中，行业政策的变化会对公司的经营产生影响。

2. 宏观政策的影响

国家财政、货币、税收、产业发展方向等宏观经济政策的变动，也会对公司的经营产生广泛的影响。

四、管理风险分析

项目建成后，随着公司的不断发展壮大，管理能力和管理水平有可能成为制约公司发展的瓶颈。

五、风险控制策略

通过上述风险分析，提出如下风险管理思路及对策。

4S店在积极扩展业务的同时，要把风险管理纳入整体的经营管理范畴。通过转变经营方式，增强企业综合竞争力来抵御外部风险，并从思想意识、内部控制、制度建设、实际操作方面入手，努力构建全方位的风险监管长效机制，把4S店的风险管理工作落到实处。

1. 增强综合实力，应对外部风险

以品牌代理作支撑，以连锁销售求规模，以个性服务创品牌，应成为现代汽车销售企业抵御外部风险的主要手段。各4S店应牢固树立竞争意识、危机意识，增强品牌拓展力度，积极申请一级代理经销商资质，扩大网络建设；充分利用各类汽车销售市场、二手车交易市场及汽车拍卖行等资源渠道，寻求规模发展；重点应做好汽车维修售后服务，使4S店汽车销售服务供应链得到进一步延伸，形成集汽车销售、新旧车置换、车辆养护、维修及检测为一体的大型经销体系，转变经营方式和盈利模式，增强4S店抗风险能力。

2.打造自有服务品牌，创立维修连锁

当前单个4S店要想突破品牌供应商的限制，打造自己的品牌形象确实很困难。因此必须另辟蹊径，在汽车售后服务方面下功夫，从4S店发展的战略角度考虑，可以筹建维修保养等的连锁经营体系，以连锁加盟方式建立连锁店。就整个汽车产业链中的竞争趋势而言，汽车售后服务维修保养是最重要的环节。4S店想炼就和拥有强大的竞争能力，就必须建立自有品牌的维修保养连锁经营体系，以连锁销售求规模的经营方式。

3.树立风险意识，防范经营风险

4S店应进行全员防范经营风险系列教育，使全体员工充分认识到4S店对顾客的服务是体系化的售前、售中和售后服务，对自己所售的商品应具备相当丰富的专业知识。为此，要把防范经营风险与做好日常工作紧密结合，时刻保持清醒的头脑，深刻意识到自己专业化水平和服务质量好坏，以及个人在经营活动中可能出现的疏忽，造成的经济损失和产生的负面影响，是与4S店的生死存亡息息相关的。

4.用好商务政策，保证资金顺畅

4S店为避免存货滞销及缺货风险，应与品牌供应商加强沟通，把握好品牌供应商的商务政策和信用政策，运用好品牌供应商的授信额度，加快销售和资金周转，做大销售规模，盘活存货资金，降低资金成本及筹资风险。

5.加强财务管控，化解经营风险

面对品牌供应商苛刻的考核指标，4S店应实行全面预算控制与业绩考核相结合的薪酬体制，科学制定各项业绩指标，将其细分至相关部门，确定销售、成本、工资、费用、利润、资金等各项部门目标，将销售目标分解落实到业务员，费用包干至部门，落实到项目，分解经营风险。

第八章　结论与评价

一、本项目建设符合国家各项政策和产业政策。

二、本项目设计时充分考虑国家当前环保政策要求，在建设施工、经营等各个环节无污染物排放，环境效益十分显著，符合国家最新的节能减排政策要求规定。

三、该项目的实施将有利于推动当地服务业的发展，推动当地经济发展，企业本身也具有良好的经济效益。

四、该项目需要的水、电等公用工程配套供应能力完全具备，投资省、见效快。

五、该项目总投资为8888万元，建成后年实现营业收入9350万元，实现利润可达2512.5万元，投资利润率为28.3%，项目具有良好的经济效益。

综上所述，本项目具有良好的社会和经济效益，项目是可行的。

第四节 计划

一、计划的定义

计划是党政机关、企事业单位、社会团体对今后一段时间的工作、活动做出预想和安排的一种事务性文书。

二、计划的特点

计划主要有七大特点，具体如图5-2所示。

1. 针对性：计划是根据党和国家的方针、政策及有关的法律、法规，针对本系统、本部门的实际情况制订的，目的明确，具有指导意义
2. 预见性：计划是在行动之前制订的，它以实现今后的目标，完成下一步工作和学习任务为目的
3. 首位性：计划是进行其他管理工作的前提，计划在前，行动再后
4. 普遍性：实际的计划工作涉及组织中每一位管理者及员工，一个组织的总目标确定后，各级管理人员为了实现组织目标，使得本层次的组织工作得以顺利进行，都需要制订计划
5. 目的性：任何组织或者个人制订的各种目标都是为了促使组织的总目标的实现或一定时期目标的实现
6. 明确性：计划应明确表达出组织的目标和任务，实现目标所需的资源以及所采取的程序、方法和手段，同时也应明确指出各级管理人员在执行计划过程中的权利和职责
7. 效率性：计划的效率性主要是指时间性和经济性两个方面

图5-2 计划的特点

三、计划的分类

不同的分类方法可以将计划分为很多种类，如表5-1所示。

表5-1　计划的种类

分类标志	类型
形式	宗旨、目标、战略、政策、规则、程序、规划和预算
职能	销售计划、生产计划、财务计划、新产品开发计划、人力资源计划等
广度	战略性计划和作业性计划
时间跨度	短期计划、中期计划和长期计划
明确性	具体计划和指导性计划

四、计划的结构

计划通常由标题、正文、落款三部分构成。

1.标题

计划的标题包括制发单位、时间限断语、事由和文种类别（计划）四部分，一般四者要齐全。事由要标明是“工作计划”，还是“生产计划”或其他计划；时间限断语是计划适用的时限范围。但制订者有时认为计划的执行范围仅在本单位，所以在标题中将其省略；而比较规范的计划仍要标明制文单位。

2.正文

计划的正文一般先扼要说明制订该计划的缘由、根据，对完成任务的主客观条件进行分析，说明完成该计划的必要性与可能性。其次是计划的具体内容，即在多长时间完成哪些任务，并设计完成任务的步骤和方法等。最后是结尾语，即提出重点或强调有关事项，做出简短号召。

3.落款

有的单位制订的计划，在正文后不另署制文单位和制文日期，此时制文单位名称应包含在标题内，制文日期往往在标题下括号内注明。

【范本】××汽车4S店销售工作计划

这里，我就如何建立、带领销售团队开展销售工作，提升销售业绩计划做如下简略表述。

一、建立一支团结、上进、稳定而又训练有素的销售队伍

公司的发展成长首先是要用销售业绩来说话的，而要实现更高的销售目标，销售人才是关键。也许有人认为，现在汽车行业很火爆，顾客主动找上门来，所以销售人员也只是走过场，因此对销售人员的素质没有太多要求。我要说这其实是个错误而危险的观点，我

们应该站在高处看问题。现在市场竞争日益激烈，回望××年及××上半年汽车市场一直不是很景气，消费者的购买行为渐趋理智，只有一流的销售人员才能准确有效地将品牌价值、先进技术、品质服务甚至品牌的增值行为等传递给消费者。××车作为一个国内老字号品牌，它成熟的科技、高标准的品质、可靠的服务，绝不是一个普通人能表达出去的。所以我工作中的第一重点就是要建立一支既有凝聚力，又有“杀伤力”的销售团队，做成××市汽车行业服务第一的团队。

1.人员的挑选。我相信贵公司不乏一流的销售人才。但是优胜劣汰，好的人才要用更高的标准来衡量。我认为专业销售人才必备的五个基本素质缺一不可，那就是正确的态度、专业的知识、销售技巧、自我约束、履行职务。

2.人员的培训。在这个信息社会，只有不断地用知识武装自己，才能在社会上立于不败之地。我们的销售人员需要不断地汲取新的知识，掌握更多的信息。我们要制订好计划，定期进行专业培训。销售礼仪、产品知识、销售技巧、标准销售流程都是销售人员的必修课。在培训的方法上主要注意培训内容的系统性与连贯性，打造汽车销售的“正规军”。

3.建立激励机制，增加销售人员的动力。具体操作可将销售人员的薪酬设计为底薪+提成+奖金，并将销售人员划分明确的级别（具体细节详细汇报），这样做能促进员工的积极性，提高员工的工作效率，从而实现公司与员工的双赢。

二、规范展厅管理

1.推行展厅5S管理（整理，整顿，清扫，清洁，修养），打造规范化的现代化展厅。

2.要有详细周密的展厅值班计划，计划中要分工明确，责任明确，逐渐养成良好习惯。

三、加大对××品牌的宣传力度，提高品牌影响力，最大限度地发挥品牌效应的作用，用品牌推动销售。我有选择地调查了数人，其中有××车主，也有待购车族，有熟悉汽车品牌的人，也有“车盲”。结果大家对××这个品牌都没有过多的了解。确实，本人对××的深入了解也是近段时间的事，大家都知道，品牌在产品的宣传中简单而集中，效果明显、印象深刻，有利于消费者熟悉产品，激发购买欲望，所以，我们日常一定要加强对××品牌的宣传。

1.店面宣传。包括店面里醒目的店招及平面宣传、销售人员与顾客面对面的口头宣传、印发广告资料、品牌店面标志的小礼品等。

2.户外广告宣传。建议在高速公路连接段或汽车城等最佳位置至少有一个大型的、有震撼效果的××品牌的广告。

3.汽车展销。包括每年××市的重点车展，以及各乡镇县城巡展。××一直是一个面向普通消费人群、定位于大众化的品牌，我们要让它更加深入人心。

4.让公司每位员工均参与宣传，有意识地随时随地宣传，全员宣传，也全员销售。

四、市场调查、分析与预测

1.知己知彼，百战不殆。我们应对市场上我们每个车型的主要竞品做调查与分析。具体包括品牌、参数、价格、特点等，掌握这些对于我们有很大的帮助。

2.本公司产品的卖点、消费群体及精准的市场定位。

3.对周边城市特别是同行4S店的价格、政策也应及时了解。

4.开发二级市场，充分发挥各个县城汽贸的作用，前期尽量让利于二级经销商，提高公司整体销量（具体细节制定详细计划）。

五、完成销售目标

根据公司下达的销售任务，要做一个具体的工作安排。在时间与人员的安排都要落到实处。个人的力量是有限的，团队的力量是无穷尽的，带好团队就是提高销量，作为部门经理，要想做好本职工作，首先必须在思想上与公司保持高度的一致。我始终认为，只有认真执行公司章程，服从公司领导，才能排除一切干扰，战胜一切困难，干好管理工作。在工作中，我坚决贯彻执行公司领导的各项指示、规定，时刻不放松学习，始终使自己的思想跟得上公司的发展。

×××

××年××月××日

第五节 广告

一、广告的定义

广告，即广而告之之意。广告是为了某种特定的需要，通过一定形式的媒体，公开而广泛地向公众传递信息的宣传手段。广告有广义和狭义之分，广义广告包括非经济广告和经济广告。非经济广告指不以盈利为目的的广告，又称效应广告，如政府行政部门、社会事业单位乃至个人的各种公告、启事、声明等，主要目的是推广；狭义广告仅指经济广告，又称商业广告，是指以盈利为目的的广告，通常是商品生产者、经营者和消费者之间沟通信息的重要手段，或企业占领市场、推销产品、提供劳务的重要形式，主要目的是扩大经济效益。

二、广告的特点

广告不同于一般大众传播和宣传活动，其特点主要表现在以下几个方面。

① 广告是一种传播工具，由这项商品的生产或经营机构（广告主）将某一项商品的信息传送给一群用户和消费者。

② 做广告需要付费。

③ 广告进行的传播活动是带有说服性的。

④ 广告是有目的、有计划、连续的。

⑤ 广告不仅对广告主有利，而且也能为目标对象带来好处，它可使用户和消费者双方得到有用的信息。

三、广告的要素

以广告活动的参与者为出发点，广告构成要素包括广告主、广告公司、广告媒体、广告信息、广告思想与技巧、广告受众、广告费用及广告效果。

以大众传播理论为出发点，广告信息传播过程中的广告构成要素主要包括广告信源、广告信息、广告媒介、广告信宿等要素。

【范本】汽车4S店促销广告语

爱车之外的尊享！

分期无忧贷回家，售后服务更到家。

购车够服务。

购车前后我们都是笑脸迎人。

购车选我，服务随你。

购的不仅仅是车，更是服务。

购买省心，拥有放心，享受安心，售后称心！

君和奥迪不分离，轻松贷款可分期。

买车重在服务，诚信顾客放心。

买的放心，用的安心，售后更贴心。

你的惠顾是我的荣耀，我的服务是你的一切。

你来或者不来，服务就在这里，只为等你。

你拥有我们的汽车，我们拥有你的微笑。

您的满意，我们的目标。

品牌铸就销量，服务成就未来。

我们的车很快，我们的服务更快！

我们的汽车，满足你的需求。

无论您走多远，我们对您的呵护始终如一。

销量创下奇迹，服务成就信誉。

销量创下奇迹，服务完美无缺。

销售全面倾听，售后全程跟踪，服务全心全意。

销售与车速齐飞，服务与质量双赢。

性能引爆销量，品质造就美（信）誉。

做4S精品店，带给你最好的享受。

第六节 启事

一、启事的定义

启事是指将自己的要求向公众说明事实或希望协办的一种短文，属于应用写作研究的范畴。通常张贴在公共场所或者刊登在报纸、刊物上。机关、团体、企事业单位和个人都可以使用。

二、启事的特点

启事具有公开性、广泛性、实用性、随意性的特点。

三、启事的分类

启事按内容的不同可分为招生启事、寻物启事、招聘启事、挂失启事、征集启事、征婚启事、庆典启事等。

四、启事的结构

启事一般由三部分组成，具体如图5-3所示。

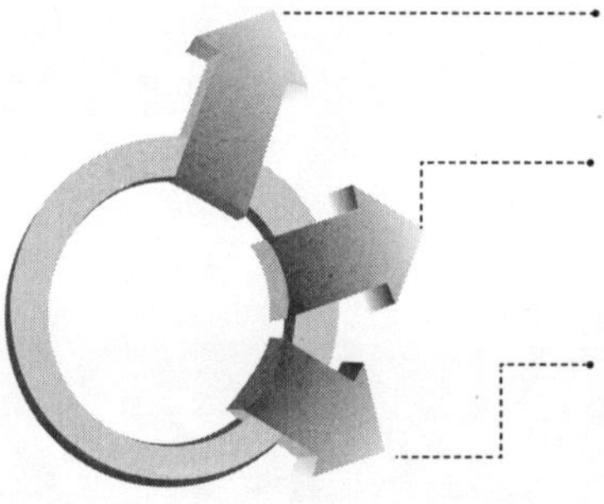

图5-3　启事的结构

【范本】××汽车4S店招聘启事（一）

招聘职位：市场部经理。

职位月薪：×× ～ ××元/月。

工作地点：××市。

发布日期：××年××月××日。

工作性质：全职。

工作经验：×× ～ ××年。

最低学历：本科。

招聘人数：1人。

职位类别：市场经理。

岗位职责如下。

1.开发潜在客户，为公司达成销售目标、提高售后产值提供支持，并制订与实施客户维系计划。

2.制定公司市场营销策略，根据厂家要求制订市场活动的年度、季度、月度计划和预算。

3.制订市场发展计划并负责各类专项调研的组织和执行。

4.监督并组织竞品与竞企调查及市场分析，撰写市场调查报告，提交公司管理层。

5.负责落实××厂家的市场政策，组织相关市场活动，提升品牌形象知名度。

6.负责相关市场推广活动的顺利进行。

7.建立有效的网络渠道，不断完善信息的收集、筛选、汇总、处理、反馈机制。

8.全面掌控汽车行业信息，保证企业发展的战略目标的实现。

9.根据市场波动情况及公司的财务与任务指标状况，及时制定、修改、下发新的价格与促销政策，并在市场价格变化时，根据市场部的市场调研情况以及销售部、二级分公司反馈的价格波动信息及时修改价格（平均每周1次）。

10.负责销售部及各二级分公司的返利、盈利计算与确认，并按照公司经济运行指标、商务政策及时调整返利金额与返利政策。

11.负责厂家销售邮箱相关邮件的处理。

12.负责厂家培训与会议的通知、协调、督促工作。

13.负责部门内管理制度与业务流程的拟订与督导实施，对部门各岗位工作进行指导和统筹安排，改善部门整体工作，提高部门员工的工作质量和工作效率，以及日常工作的分配、协调管理。同时负责本部门员工的绩效考核系数打分。

14.负责监督各业务职能部门客户满意度的整改及提升情况。

15.对于工作中出现的问题及时上报，进行沟通解决。

16.在厂家要求及公司统一安排下，组织各类展厅、户外市场活动的计划、实施及总结改善（例如团购会、试乘试驾会、车主讲堂等）。

17. 负责品牌形象的管理和媒体关系的维护，与合作厂家关系的维护。

18. 根据公司统一安排，集中制定并下发年度商务政策。根据厂家邮件与要求，及时敦促、调整、修改本公司及二级分公司商务政策。

19. 负责对新增购车及车辆维修客户的满意度回访工作及回访的监督。

20. 在公司各部门配合下，负责协调处理厂家经营规范投诉与客户不满意投诉。

21. 定期收集和了解同品牌及竞品的售后市场价格、市场活动、动态情况，并结合公司实际情况制定促销方案。

22. 负责布置并与销售部一同维护、监督销售展厅及售后展厅的相关物料。

23. 负责建立、完善部门内各项规章制度和管理体系，促进管理规范化、制度化、流程化。

24. 市场部做好新车备案、合格证更换、各类厂家活动资料的前期收集工作。

25. 完成分管领导交办的其他任务。

公章（略）

××年××月××日

【范本】××汽车4S店招聘启事（二）

招聘职位：钣金技师。

职位月薪：××～××元/月。

工作地点：××市。

发布日期：××年××月××日。

工作性质：全职。

工作经验：不限。

最低学历：不限。

招聘人数：3人。

职位类别：其他。

岗位职责如下。

1. 对车辆进行钣金维修。

2. 对工具、设备进行定期保养。

3. 及时完成车间主管安排的工作任务。

任职资格如下。

1. 品行端正，能吃苦耐劳、服从分配。

2. 良好的团队合作精神。

3. 两年以上汽车维修工作经验，有4S店工作经验者优先考虑。

4. 具有C1及以上驾驶证。

公章（略）

××年××月××日

第二部分　讲稿撰写

第六章 汽车4S店领导讲稿撰写的常识

第一节 汽车4S店讲稿撰写基本知识

一、汽车4S店领导讲稿的概念

所谓领导讲稿，就是领导者为实施领导，在各种会议上所作的指示性发言。那么汽车4S店领导讲稿，当然也就是指汽车4S店级领导人在各种会议或者重要场合所作的带有指示或指导性讲话时所用的文稿。汽车4S店领导讲稿是汽车4S店领导者从事管理活动的重要载体和手段。

二、汽车4S店领导讲稿的类别

汽车4S店领导讲稿是领导参与管理活动的一种方式，是实施领导职能的重要途径。在某些场合，领导即兴讲，不需要讲稿；但在正式场合，为了提高讲稿质量，需要事先拟写好讲稿或讲稿提纲。由于领导事务繁忙，一般需由文秘人员代拟讲稿。撰稿人首先要了解的便是领导讲稿的类别。

汽车4S店领导讲稿依据不同的场合、对象和用途，可以分为如下三类。

1.会议类讲稿

会议类讲稿是领导讲稿中数量最多、比重最大的一类。平时所说的领导讲稿，主要是指这一类。这一类讲稿主要分为14种，具体如图6-1所示。

- 第一种：代表大会的报告。内容一般是对上一届或上一次会议以来工作情况的回顾总结和对今后工作的部署。要求内容全面，表述严谨、庄重
- 第二种：会议开幕词。一般在比较隆重的大型会议上使用。内容主要是讲明会议的目的、意义，要富有启示性、鼓舞性
- 第三种：会议闭幕词或会议总结讲话稿。主要是总结会议的收获，要求贯彻落实会议精神，要富有号召性
- 第四种：工作会议讲话稿。根据既定的会议内容说明对某一项或几项工作的要求，要讲得鲜明、透彻
- 第五种：动员会议讲话稿。主要说明某项工作的意义和方法，要讲得入情入理，振奋人心，鼓舞斗志

图6-1

- **第六种**：庆功会、表彰会讲话稿。主要是概括、总结、肯定受表彰单位或个人的成绩和经验，对其进行表彰、鼓励，并提出学习、推广的要求，要富有激情和感召力
- **第七种**：庆祝会、纪念会讲话稿。根据庆祝、纪念的主题，立足现实，回顾历史，展望未来，要讲得客观、准确、实际
- **第八种**：专题报告会的报告。如学习理论心得报告、外出考察报告等。内容要有厚度、深度，给人以启示和借鉴
- **第九种**：碰头会、汇报会讲话稿。根据汇报的情况，肯定成绩，针对存在的问题或薄弱环节，有针对性地强调一方面或几方面的工作。要有具体要求，有力度
- **第十种**：现场会、经验交流会讲话稿。充分运用与会人员看到和听到的先进事迹及经验，进行深入分析和总结，要求学习、推广，促进工作。要有较强的说服力、号召力
- **第十一种**：研讨会、座谈会总结讲话稿。根据与会人员发言情况进行总结，并提出改进工作或进一步研讨的意见、要求。要有较强的概括力和条理性
- **第十二种**：综合性会议上的专题发言稿。主要是分管某一条战线、某一方面工作的领导在综合性会议上就自己分管的战线或工作说明情况和意见。要主题突出，富有指导性、参考性，要讲"实"，不要讲"虚"；要讲"适"，不要讲"过"
- **第十三种**：在新旧领导工作交接会议上的讲话稿。这是一种很特殊的会议讲话稿。在这种会议上往往有三类讲话稿：前任领导的讲话稿；接任领导的讲话稿；上级领导的讲话稿
- **第十四种**：在各种邀请会、协作会、联席会上的讲话稿。这也是一种比较特殊的会议，这种会议面对的不是下级，而是外地、外部门的客人。作为东道主发表讲话稿，要对客人表示欢迎，对本地、本部门的情况作一简介，还要讲会议的目的和议程。要讲得诚挚、热情

图6-1　会议类讲稿

2. 宣传类讲稿

宣传类讲稿是出于宣传某种主张、某项工作、某件事情的目的，在非会议场合的讲稿，主要分为以下四种，具体如图6-2所示。

- **通过广播发表讲话稿**：广播讲稿要求简明扼要，通俗易懂
- **通过电视发表讲话稿**：主要是纪念和庆祝某个节日，或就开展某一专项工作发表的讲稿，同样要求简短、通俗
- **通过报纸发表书面讲话稿**：这往往也是为了纪念和庆祝某个节日而发表的，要篇幅简短、措词严谨、富有文采
- **通过现场发放书面讲话稿**：主要是阐明对某项行动、某件事情的观点，要求简明、准确、适当

图6-2　宣传类讲稿

3.礼仪类讲稿

礼仪类讲稿是出于感谢、答谢、慰问、庆贺等目的，在各种非会议仪式、场合的讲稿，主要分为四种，具体如图6-3所示。

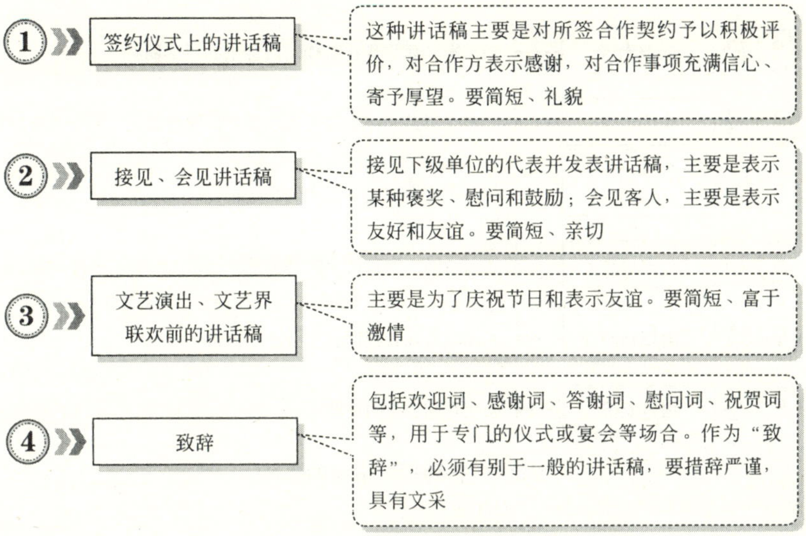

图6-3　礼仪类讲稿

以上分类，主要是从讲稿的场合、对象、用途的不同而划分的。对于领导讲稿的种类，还可以从其他不同的角度来划分。例如，从讲稿方向的角度来划分，分为下行、平行、上行三类。下行讲稿即指对下级的讲稿；平行讲稿即指那些礼仪性的讲稿，即向同级单位介绍情况和经验的讲稿，或在邀请会、协作会上的讲稿等；上行讲稿即某一级领导向上级领导汇报工作的发言，这对于上级来说显然不能算领导讲稿，但对于本级秘书人员来讲，则是需要自己帮助起草和整理的“领导讲稿”。从讲稿的内容来划分，可以分为总结性讲稿、部署性讲稿、号召性讲稿、辅导性讲稿、应酬性讲稿等多种。从讲稿的规范与否来划分，还可以分为规范性讲稿、非规范性讲稿（其他讲稿）或正式讲稿、非正式讲稿等。讲稿怎样分类并不重要，重要的是要针对不同讲稿的内在需求，把握住它们的基本风格和特点，以起到“以文辅政”的作用。

三、领导讲稿的作用

不同种类的领导讲稿既有共同的普遍效用，又有其各不相同的特殊效用。撰写领导讲稿，首先要知道领导要讲什么，需要达到什么效果和作用。只有清楚了这一点，讲稿的撰写才会有明确的目标；有了明确的目标。在撰写工作中才能具有较强的自觉性、针对性、主动性和科学性，减少和避免盲目性与不确定性。

总体来讲，各种领导讲稿的作用如图6-4所示。

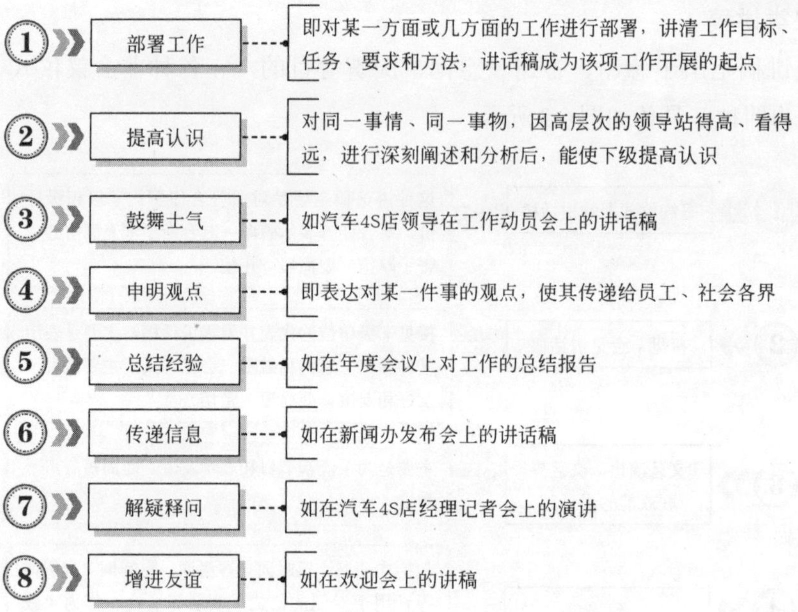

图6-4　各种领导讲稿的作用

四、领导讲稿的结构

领导讲稿的结构分外部结构和内部结构。

1. 外部结构

领导讲稿的外部结构由标题（包括讲稿者姓名、讲稿时间）、称谓、开头、正文、结尾几部分构成。

2. 内部结构

领导讲稿的内部结构主要由层次、段落、过渡、照应等要素构成，如图6-5所示。

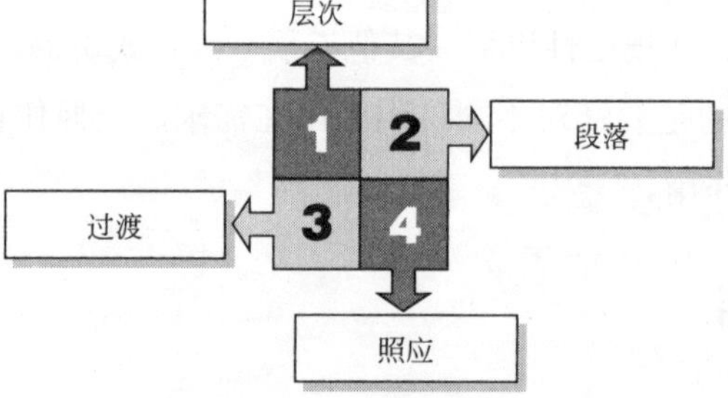

图6-5　领导讲稿的内部结构要素

（1）层次　层次是指讲稿内容的划分和安排次序，是作者认识和表达问题思维进程在文稿中的反映。领导讲稿的层次安排一般按为什么开展这项工作、如何开展这项工作、怎样才能保证做好这项工作的思路构成大的结构框架，然后再围绕大的框架结构，提出第二层次和第三层次的结构及内容。

（2）段落　段落指在表达讲稿思路内容时，由于转折、强调、间歇、整齐等原因造成的文字停顿。通常称为“自然段”。划分段落要注意段落的单一性、完整性、匀称性、特殊性、联系性。

（3）过渡　过渡即上下段落、前后层次的连接和转换。一般情况下，一篇成功的讲稿都要通过段落过渡、句子过渡、词语过渡、标题过渡等方法，使讲稿结构上下贯通，前后衔接，以便听众的思路跟上讲稿者的思路。

（4）照应　照应指讲稿内容前后呼应、互相关照、互相联系。常用的照应方法有三种，具体如图6-6所示。

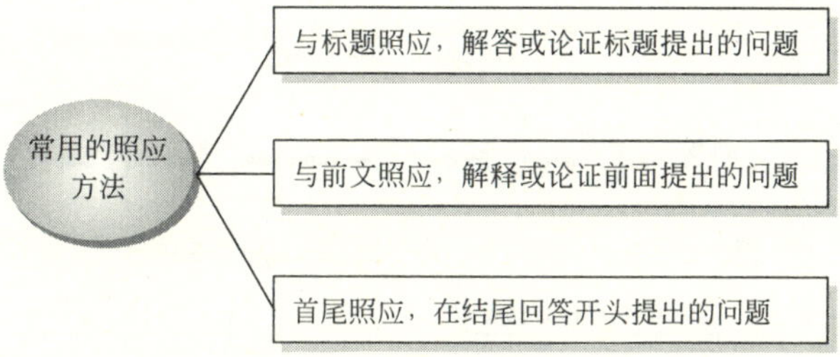

图6-6　常用的照应方法

五、与其他公文的异同

领导讲稿属于公文范畴，它同我们平时所发出的决定、指示、意见、通知等其他公文以及调查报告、工作总结等文体既有联系，又有区别；既有共性，又有独特性。

讲稿与其他公文的异同表现在四个方面，具体如图6-7所示。

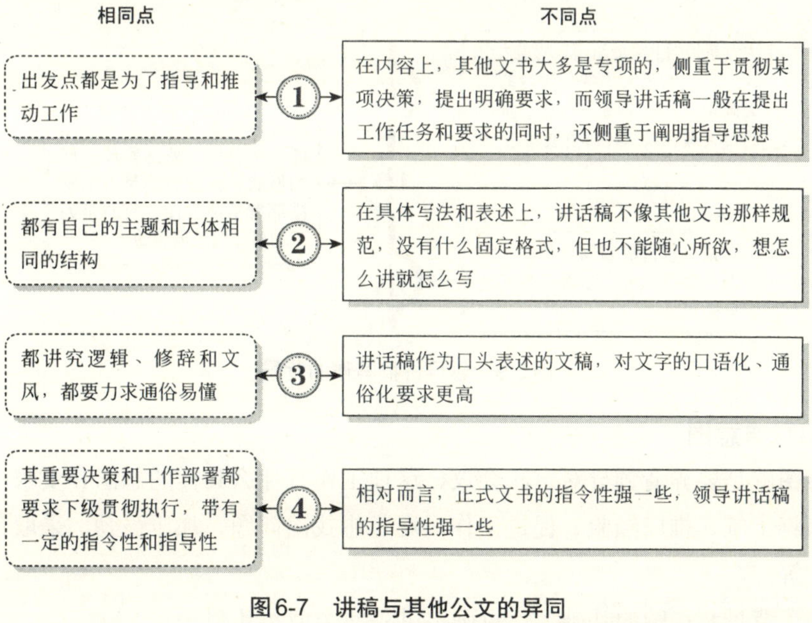

图6-7　讲稿与其他公文的异同

第二节 汽车4S店领导讲稿写作流程

汽车4S店领导讲稿的撰写主要有八个步骤，如图6-8所示。

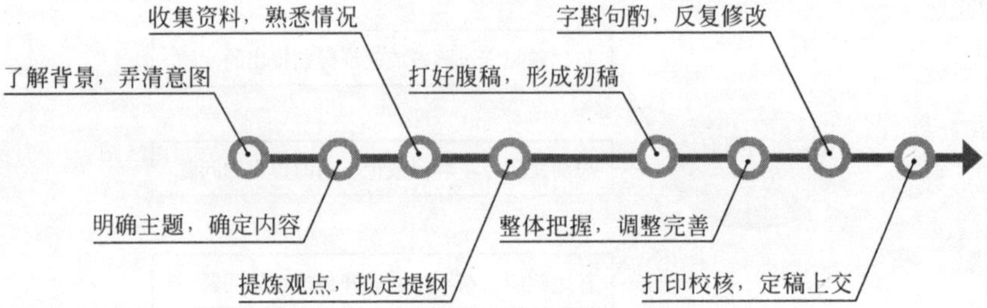

图6-8 汽车4S店领导讲稿撰写步骤

步骤一：了解背景，弄清意图

汽车4S店领导讲稿都有其背景和意图。在撰写领导讲稿之前，撰稿人一定要把背景和意图弄清楚。

1.讲稿写作背景

领导讲稿写作的背景具体如图6-9所示。

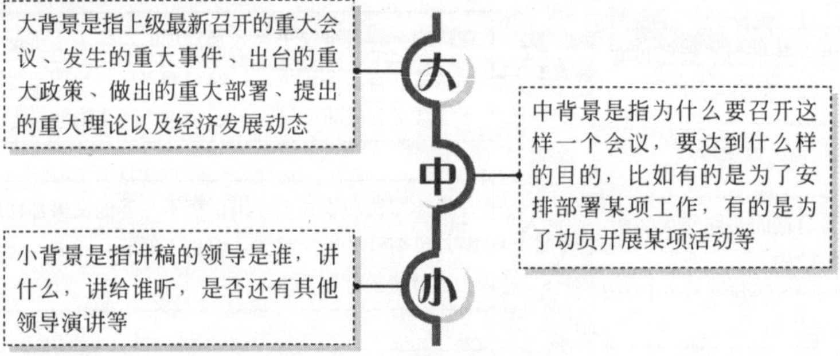

图6-9 领导讲稿写作的背景

2.讲稿写作意图

弄清意图就是要弄清领导对这次会议、这项工作有什么具体的想法和要求，如是想肯定成绩、鼓舞士气、推广经验、促进工作，还是想找出问题、加压鼓劲、采取针对性的措施推动工作等。

在弄清了背景和意图的基础上，再确定讲稿的类型和基调。

步骤二：明确主题，确定内容

任何会议都有一个明确的主题。实践中，有的会议主题是由领导集体或领导个人确定的，有的则需由文秘人员来确定。主题一旦确定，就要始终突出这个主题，围绕这个主题来安排内容、组织材料。

步骤三：收集资料，熟悉情况

撰稿人不可能对每一项工作都了解和熟悉，这就要求我们在起草领导讲稿之前，广泛收集资料，尽可能地熟悉情况。

这里讲的“资料”，是指起草者为既定的目的，从各方面搜集、摄取并写入讲稿之中的事例、知识或论据，是构成讲稿的材料。讲稿中常用的资料，大体上有三类，具体如图6-10所示。

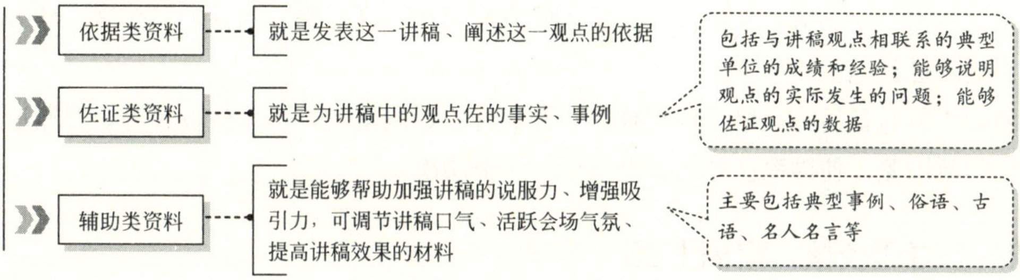

图6-10　讲稿材料的种类

步骤四：提炼观点，拟定提纲

讲稿的观点，就是通过讲稿所表达的看法或主张。实际上，讲稿的主题思想也是观点，是这一讲稿的“大观点”。一篇讲稿有了大观点，还要有与其相配套的中观点、小观点。

锤炼观点是撰写讲稿的关键。锤炼出了观点，再对观点进行整体安排与组合，就形成了写作提纲。这样，讲稿的撰写就完成了大半。

这里要注意三个问题，具体如图6-11所示。

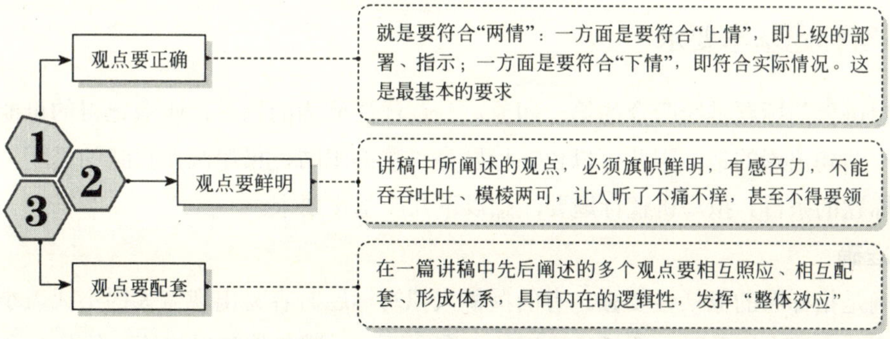

图6-11　提炼观点注意的问题

步骤五：打好腹稿，形成初稿

撰写领导的讲稿，更需要冷静、细致，不管任务有多急、有多重，都不能盲目，而应该先想好每一块要表达什么中心意思，从哪里切入，到哪里收尾，要用几句关键性的语言等，一定要先打好腹稿以后再下笔。

步骤六：整体把握，调整完善

不管初稿由一人写成，还是由多人写成，这都是一个十分重要的环节。就是要通读初稿，然后从整体上感觉和判断：主题和重点是否突出，逻辑和层次是否清晰，措施和要求是否到位，详略和篇幅是否恰当等。在此基础上，进行调整、补充及删减，完善材料。

步骤七：字斟句酌，反复修改

如果说前一个环节是从总体上、从大的方面对材料进行修改的话，那么这一环节就是从细微之处进行润色和加工。

修改内容包括语言风格、词句使用、修辞标点、段落安排、字体设置等。要通过这一环节的精雕细刻，使讲稿在外在表现上更上一个层次。

步骤八：打印校核，定稿上交

在检查无误之后，进行校对，然后交给领导审核。

第三节　汽车4S店领导讲稿写作要点

一、拟写标题基本要求

领导讲稿的标题是给听众的第一印象。一篇洋洋洒洒的稿子，听众记得的可能也就是标题或一两句出彩的话，因此可以说，标题是讲稿的眼睛，极尽画龙点睛的作用，是拟制讲话稿标题的宗旨。拟写讲稿标题要注意以下几个基本要求。

1.准确

准确是指标题的概括性要强。有的撰稿人拟写标题时容易出现盖大锅小或盖小锅大的情况，因此在确定标题时，要抓住讲稿的内容和要点，准确地加以提炼，使其题文相符。

2.规范

规范指标题的拟定要合乎领导讲稿的格式要求，根据不同类型的讲话确定不同类型的标题，尤其是公开发表的领导讲稿的标题，更要注重规范。如本来是部署工作的讲话稿，却用提问式的标题，就显然是标题不对文了。规范还要讲究整齐、工仗、对称，不能有的很长，有的很短，更不能一个标题是叙述式的，另一个标题又是目录式的。

3.醒目

醒目即指领导讲稿的标题应具有鲜明的揭示主旨的作用，不抽象模糊，力求有鲜明特色，有很强的感染力。

4.精炼

精炼即指领导讲稿的标题应凝练概括、言简意赅、概括精要。写讲话稿时，切忌标题写得很长，甚至大句子套小句子，这样就显得拖泥带水。一般标题越短越好，越精炼越醒目。

二、撰写讲稿的三点要求

1.避免雷同

领导者参加会议应邀讲话，常常会遇到多位领导人讲同一个问题，如果在这种情况下再重复讲，势必使听众失去兴趣。撰稿人应预先考虑到这一点，在避免雷同上下功夫，使领导讲稿既全面又独特，以收到好的效果。

一般来说，撰稿人可以在以下几个方面下功夫，具体如图6-12所示。

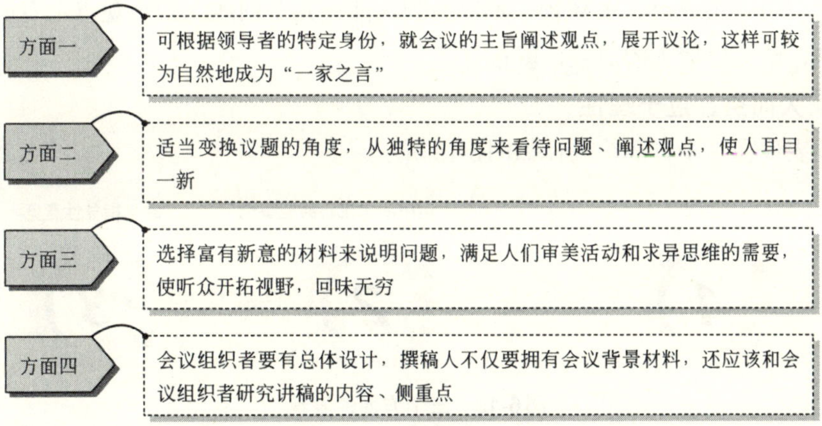

图6-12 如何避免讲稿雷同

避免重复的方法有很多，需要撰稿人预先着手，多角度展开同一主题下的不同论述，以使领导讲稿独具色彩而富有成效。

2.独树风格

领导讲稿最忌千篇一律地发表意见，平淡无奇。领导者的讲稿只有突出个性，才能够紧紧地抓住听众，引起听众强烈的共鸣，从而使讲稿化作听众的意愿和自觉行动，成为促进工作目标实现的强大动力。

讲稿应具有其独特的风格，或真挚细腻、或警喻深刻、或文采飞扬。撰写领导讲稿，不应拘于一章一法的限制和束缚，应随讲稿的内容和场合而随时变化，不仅要逻辑严谨、思路清晰，而且要生动活泼、文采盎然，这样可使讲稿更富有生气、富有感染力与号召力。

3. 适当调剂

由于会议不同，领导的讲稿有长有短，如果遇到长一些的讲稿，一般来讲与会者会感到疲劳，精力往往不会像开始那样集中，特别是到会议最后，主要的东西已经讲完，听众的情绪开始松弛下来，以至于“台上开大会，台下开小会”。此时，讲稿就需要调剂情绪和气氛了。对于这一点，撰稿人也要预先考虑到，适当在较长的讲稿中增加一些“调剂品”，激发听众的情绪和注意力。运用即兴调剂要因领导讲稿的内容而变化，因听众不同而变化，有时用在开头，有时用在中间，有时用在结尾。

讲稿即兴调剂是领导者机智灵活的表现，能够很好地借鉴使用调剂艺术将使领导讲稿从始至终保持活力，富有吸引力。

三、撰写讲稿的四个不能

撰写讲稿时，一定要注意以下四个方面。

1. 不能面面俱到、过于求全

我们通常过分追求完整且系统，生怕不全面、不系统，生怕分量达不到。解决这一问题，就是要统筹兼顾，突出重点。无论什么场合的讲稿，它的容量总是有限的，想把每个问题都讲到，讲得很充分、很新颖，难以做到，能在几个问题、几个观点上有所突破，讲出点新意来，给人以较大的启发，就很好了。

2. 不能大而空、过于理性

这主要表现在三个方面，具体如图6-13所示。

图6-13　三个方面的表现

一般来讲，领导讲稿的思想性、理论性较强，越是高层次的领导越是如此。讲稿中，主题、观点是灵魂，而事实是血肉，离开鲜明、生动的事实，讲稿就会变成空洞、苍白的说教。

3. 不能老生常谈、过于求稳

对这个问题，要注重从两个方面下功夫。

第一，要善于赋予老问题以新的内容和特点。现实生活和工作实践中，问题的老和新是相对的，而且往往交织在一起，可以说老中有新，新中有老。不少问题，过去有，现在有，将来也会有；许多话题，过去强调，现在强调，将来还要强调。因此，我们要注重和善于“老题新作”，把功夫下在新老的结合上。

第二，要善于发现新问题，探讨新思路、新办法。

事物是不断发展变化的。要做到这两条，不仅要有意识地加强思想锻炼，还要深入实际。

4.不能居高临下，过于生硬说教

领导讲稿是给人听的，首先要让人有认同感，领导的表情、语气和态度，以及与会者的情绪和反应，均可在同一时刻显示出来。特别重要的是，要适应与会者的心理特点，尊重与会者的兴趣爱好，努力把话讲到与会者的心里去。要以心换心，多讲交心话、多讲真心话、多讲热心话、多讲关心话，即使是提出批评意见，也要以理服人，以情感人。

四、撰写讲稿的材料准备

素材是写作的基础，讲稿的撰写要建立在素材充分的基础上，实际上是对素材的归纳、消化、加工和升华的过程。搜集素材有两个含义：一个是要有众多的文本材料；另一个就是平时多注意思考，进而形成有独特见解的观点群。

1.平时收集分析材料

收集材料就是掌握素材，包括综合情况、重要数据、生动事例及重要思想观点。有时积累的一些材料可能平时用不上，但在关键时候能用上一个观点、一个事例、一句话。

收集材料的途径有三种，具体如图6-14所示。

途径一　**调查研究，取得第一手现实材料**

尤其是写“讲稿”“意见”“规划”时特别需要这样的依据。要客观地倾听、平等地讨论、适当地提问、注意点面情况的结合，对调查的材料要做必要的核实

途径二　**广开“材”源，积累第二手材料**

即收集一些与所写公文有关事物的变化情况，以便分析其发展与变化，做出正确的分析和判断，提出有见解的观点。报纸、文件、会议材料、信息、简报或与自己工作有关的材料等，都可及时记录下来，并进行分类，以便日后使用

途径三　**有备无患，储备基础材料**

积累一些与文稿写作有关的公文，包括法规、政策、文件、讲稿、纪要等，甚至收集一些古今中外的精辟议论，作为形成文稿观点和进行综合分析的依据，或直接引用

图6-14　收集材料的途径

2.系统思索储蓄观点

好文章要有真知灼见，那就要在思想认识达到一定程度，形成观点，并有较强的逻辑线索才能形成。观点实际上就是对客观事物的分析认识得出的结论，是在认识客观事物运动规律的前提下如何结合实际去有针对性地认识问题、揭示问题、解决问题。

所谓储备观点，就是要注意积累一些有战略性的思想，有备无患，需则用之。

第七章

汽车4S店领导讲稿撰写的技巧

第一节 汽车4S店讲稿基本知识

汽车4S店领导讲稿所发挥的作用非常大，因此如何把握讲稿撰写的艺术非常重要，主要体现在几个方面。

一、鲜明的主题

主题是讲稿内容的灵魂和纲领，是讲稿成败的关键所在，无论写什么内容，主题必须鲜明。领导讲稿更要突出强调与领导思想、观点和工作意图的一致性。

汽车4S店领导的意图应该是讲稿的主题，有关中心内容、基本观点、主要事例等，都要以贯彻领导意图为核心。也就是说，提炼和确定主题，是讲稿的首要前提。

二、体现风格特征

讲稿的风格特征主要取决于汽车4S店领导本身的特点。不同领导，由于其在身份、经历、语言、性格、素质等个性特点方面的差别，讲稿的风格也不一样。

1. 身份特点

决定领导特点的因素如图7-1所示。

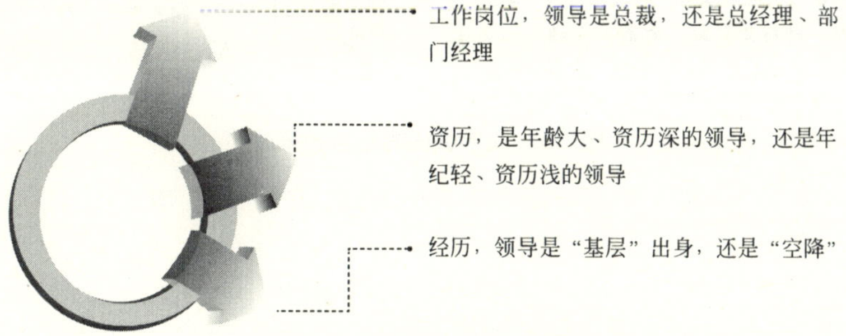

图7-1 决定领导特点的因素

由于领导身份的不同，其讲稿的内容、口气、表达方式也有区别，所以我们在撰写讲稿时需要特别注意。

2. 语言特点

这是最能反映领导讲稿风格的一个重要方面。一般情况下，领导的语言特点主要有四种，具体如图7-2所示。

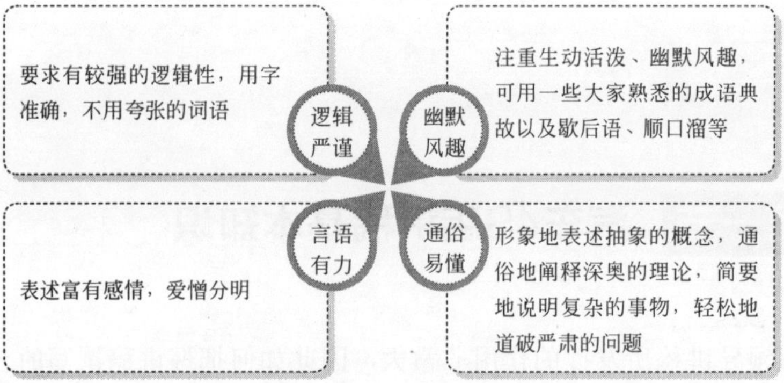

图7-2　领导的语言特点

3. 性格特点

不同领导有不同的性格，不同性格的领导讲话风格差异很大，讲稿也要有不同的风格。例如，有的领导性格直爽，讲话干练、果断、坚决，简洁明快，那么讲稿要撰写得简洁。有的领导性格细腻，讲话时习惯具体详尽，那么讲稿就要多引用详细的数据和事例。

4. 素质特点

讲稿所体现的素质特点主要指领导的思想水平和文字能力。

三、新意和深度

正确处理求全、求实与求新、求深的关系，使讲稿具有新意和深度，具体如图7-3所示。

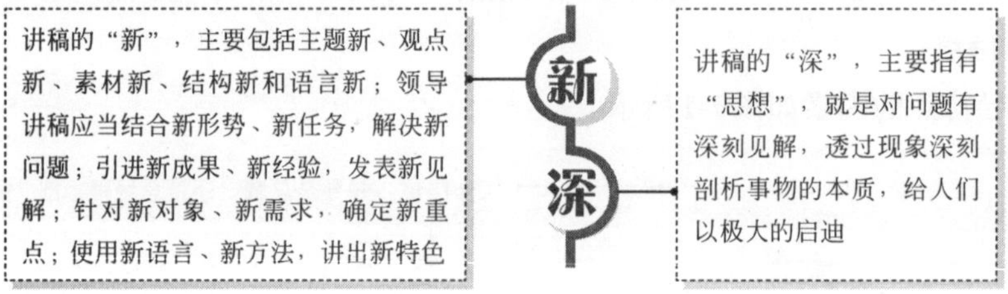

图7-3　领导讲稿的新意和深度

第二节　汽车4S店讲稿语言技巧

领导讲稿的语言既区别于正式书面文件，又区别于一般的口头随意交谈，是介于两者之间的一种具有特殊性的语言。

一、讲稿语言的基本特点

领导讲稿语言的基本特点可以概括为“两通”“一短”“口语化”。

1.“两通”

“两通”的含义如图7-4所示。

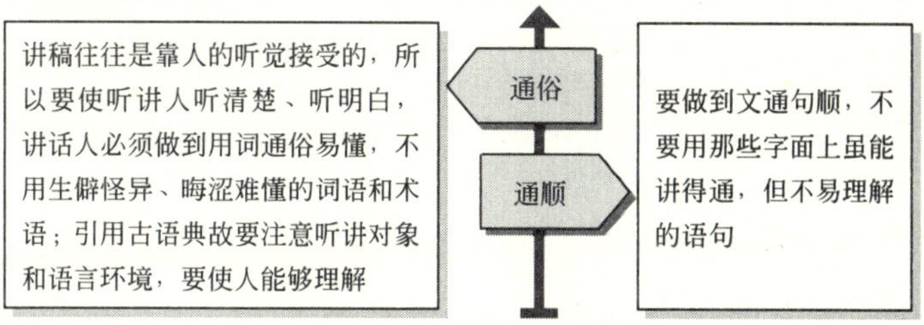

图7-4 “两通”的含义

2.“一短”

“一短”是指句子要短。这也是从人的听觉习惯考虑的。这并不是说全部要用短句，但长句一定要少用，尤其不要用那种一口气读不完的长句。句子长了，容易听不清、连不上，产生误解，还不易引起听讲人的兴趣。

3.“口语化”

领导讲稿语言要通俗易懂，要多用口语，但通俗中要做到庄重、高雅，不能全部用口语。领导讲稿既要有口语的自由、灵活、简短，又要有书面语的规范、缜密、严谨。

二、讲稿撰写语言的新意

领导讲稿的新意，包括主题的新意、观点的新意、结构的新意，但其根本是语言的新意。因为语言是思维的工具，是思想的直接体现，是主题、观点的承担者。讲稿内容的新意要通过语言这一形式来传递、感受、领悟。

1.领导讲稿语言出新的体现

出新是对汽车4S店领导讲稿的基本要求，也是最高要求，领导讲稿的出新，可以通过以下方面来体现，具体如图7-5所示。

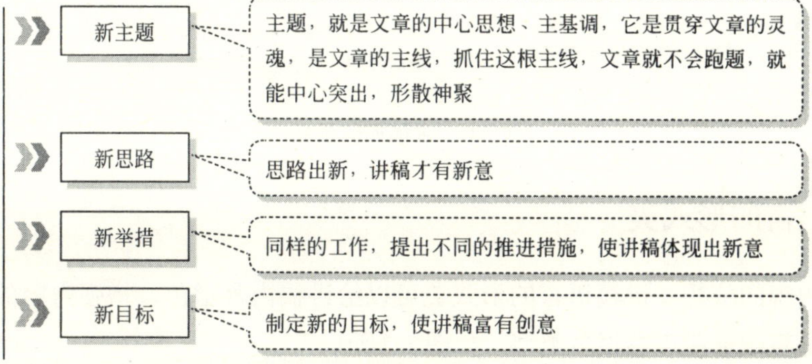

图7-5

新数字	讲稿中引用的数字必须具有时效性
新逻辑	改变逻辑关系也可以达到“出新”的目的
新典型	讲稿中适当引用一些典型的故事，效果也非常好
新表述	通过表述方式的创新而达到讲稿出新的目的
新手法	通过各种修辞手法的运用而达到“出新”的目的：一是通过典故出新；二是通过比喻出新；三是通过古语出新；四是通过排比出新；五是通过群众语言出新
新标题	形式是内容的依托，标题新，可以给讲稿内容增色，增强内容的感染力、说服力

图7-5　讲稿如何出新

2.领导讲稿如何出新

要使领导的讲稿“出新”可以考虑以下几种途径，具体如图7-6所示。

1	转换论述方式	因为领导讲稿发挥着承上启下的作用，即往往上级开了什么会、上级领导讲了什么话，下级也要开个类似的会，下级领导也要讲类似的话，这样就必须避免“下抄上”“如法炮制”的问题
2	进行具体分析	不是一般地、笼统地讲问题，而是展开讲，对问题及其原因进行具体分析。进行具体分析的语言，绝不能是照抄来的语言，因此就很有可能产生出富有新意的语言
3	提出新的要求	根据具体情况提出新的、具体的要求
4	采用修辞方式	在讲稿中适当采用比喻、借代、排比、对仗、幽默、警句等修辞方式，也会达到“出新”的效果
5	组合、创造新的词汇	组合、创造新的词汇要注意，一定要出之有理、出之自然，不能生造那些半通不通、使人似懂非懂、受之勉强的所谓“词汇”

图7-6　讲稿如何出新

三、讲稿语言的形式美

形式是内容的依托。讲稿语言的形式美可以给讲稿内容增色，增强内容的感染力、战斗力。讲稿语言的形式美有很多类型，如图7-7所示。

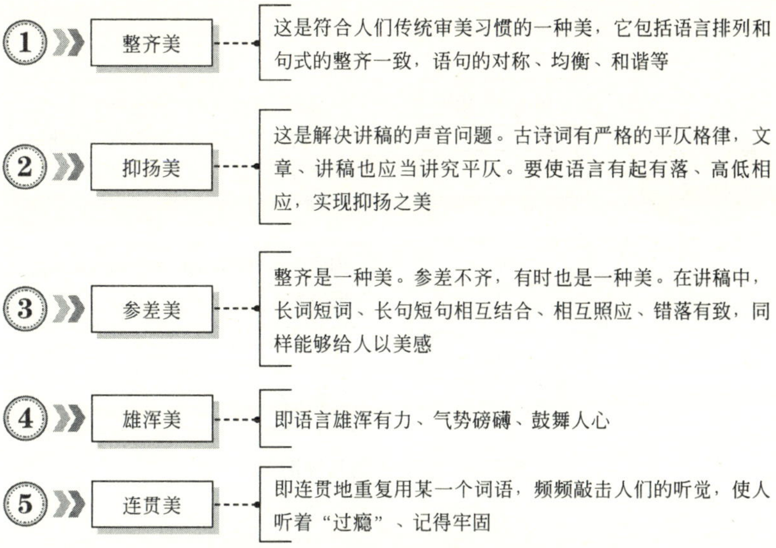

图7-7　领导讲稿语言的形式美

第三节　汽车4S店讲稿布局技巧

一、讲稿的布局形式

一般来讲，领导讲稿可分为五部分，即标题、称谓、开头、主体、结尾。需要重点研究的是它的主体部分，其主体部分通常又具有三种结构形式。

1.板块式

板块式即分为几个板块。具体又可分为几种不同情况，如图7-8所示。

2.自然式

自然式即讲稿不分板块，只分若干个自然段，多数是依照内容的逻辑关系来安排的。

3.提纲式

提纲式即像列提纲那样，在一篇讲稿中讲多个问题，每个问题开头有一个主题句，每个问题的篇幅都很简短。

二、讲稿结构形式的选择

以上所讲的多种结构形式，用哪一种，要从五个方面考虑，具体如图7-9所示。

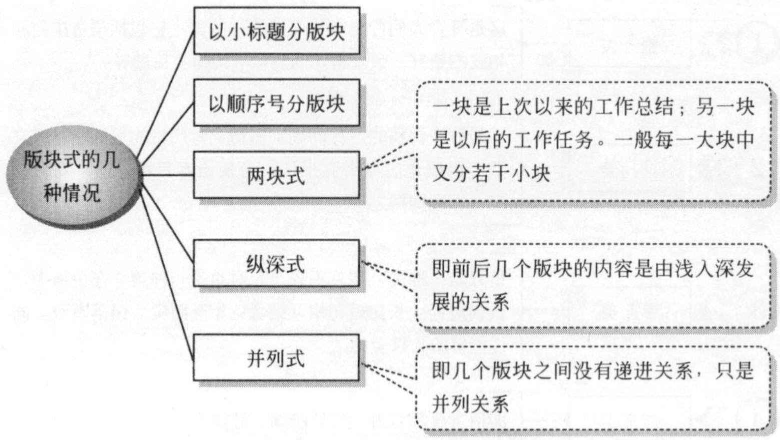

图7-8　版块式的几种情况

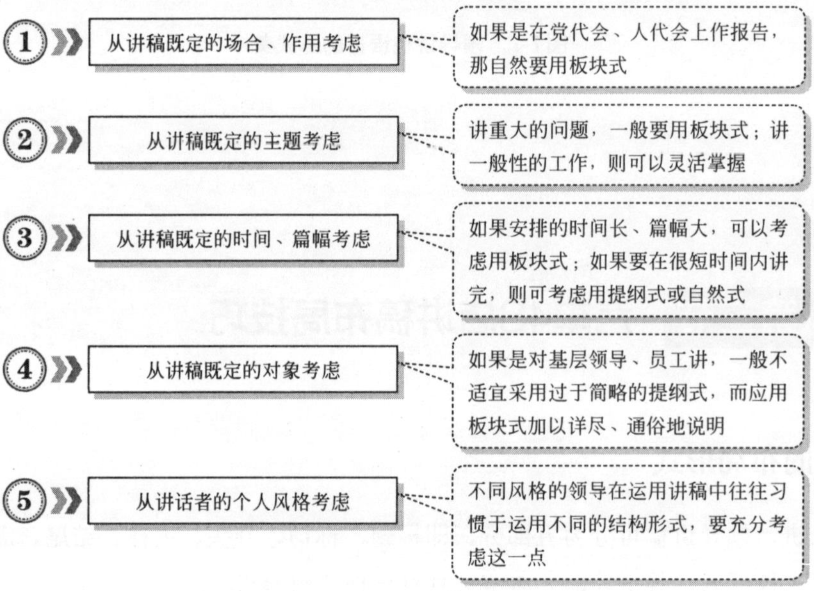

图7-9　结构形式的选择

第八章

汽车4S店讲话类文书写作

第一节 欢迎词、欢送词

一、欢迎词

1. 欢迎词的定义

欢迎词是指客人光临时，主人为表示热烈的欢迎，在座谈会、宴会、酒会等场合发表的热情友好的讲话。

2. 欢迎词的特点

欢迎词主要有两大特点，体体如图8-1所示。

- 欢愉性：中国有句古话是“有朋自远方来，不亦乐乎”，所以致欢迎词应充分体现一种愉快的心情，言词用语务必富有激情，并表现出致辞人的真诚，这样才可给客人一种“宾至如归”的感觉，为活动的圆满举行打下好的基础
- 制约性：欢迎词本意是现场向宾客口头表达的，所以口语化是欢迎词文字上的必然要求，在遣词用语上要运用生活化的语言，既简洁又富有生活的情趣，口语化会拉近主人同来宾的亲切关系

图8-1　欢迎词的特点

3. 欢迎词的格式

欢迎词一般由标题、称谓、正文和落款四部分组成。

（1）标题　标题写法一般有两种：一种是单独以文种命名，如《欢迎词》；另一种是由活动内容和文种名共同构成，如《在××会上的欢迎词》。

（2）称谓　称谓要求写在开头顶格处。要写明来宾的姓名或称谓，如“尊敬的先生们女士们：”“亲爱的××大学各位同仁”。

（3）正文　欢迎词的正文一般可由开头、中段和结尾三部分构成，具体如图8-2所示。

（4）落款　欢迎词的落款要署上致辞单位名称、致辞者的身份、姓名，并署上成文日期。

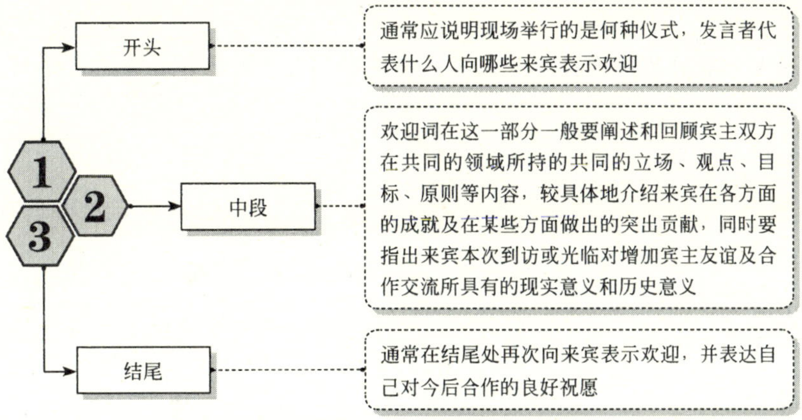

图8-2　欢迎词正文的三部分

【范本】××汽车4S店庆典欢迎词

各位领导、各位来宾、各位朋友，女士们、先生们：

大家上午好！

首先，请允许我代表××位公司同仁，对今天光临庆典现场的所有来宾，表示最热烈的欢迎和最衷心的感谢！

虽然我无法历数每一位来宾的名字，但我要真诚地感谢每一位到场的朋友，感谢你们在百忙之中抽身前来，和我们一同见证，××发展历程中又一个辉煌的历史时刻；和我们一同分享、迎接又一个全新事业诞生的满足和喜悦。谢谢大家！

各位眼前的这座建筑，是××品牌，在××地区的首家标准销售服务店。它投资1000万元，占地7000平方米，建筑面积4000平方米，拥有国际水准的标准功能、形象和硬件设施。它的落成开业，将填补××产品线中B级乘用车的空白；将结束本地××汽车老用户售后服务没有保障的烦恼；将使××消费者同步享受国际品质的××产品和服务；将掀开××品牌叱咤××市场的全新篇章！

多年的市场磨炼，让我们深深体会到，真诚、实在地回报顾客、回报社会是我们获得认可和支持的唯一途径。因此，今天的开业庆典将力求删繁就简但又不乏新意。而且，在欢庆开业的同时，我们还融会了一系列以“爱心·家园”为主题的慈善公益活动，以表达我们强烈的承担社会责任的愿望。我们将尽力诠释“以客为尊、服务大众、回馈社会”的经营理念，使大家在轻松、休闲而又热烈的氛围中，体验欢乐，唤起感动。

三年半以前，在××这片热土，在××这块宝地，××人启动了光荣与梦想之旅。埋首拓荒，春秋几易，全情付出，寒暑不移。今天的××，已经成长为一艘领航车市、雄踞一方的“汽车航母”。近期，我们酝酿多年的汽车工业园区项目，在自治区政府和××集团的支持下也正式启动。“汽车航母、专业典范、领航车市、启动梦想”，我们的理想正一步步变为现实。

让我们用火一般的热情迎接八方来客，更用我们火一般的昂扬斗志来谱写未来，创造××明日的辉煌！

谢谢大家！

××汽车服务有限公司

总经理：×××

××年××月××日

二、欢送词

1.欢送词的定义

欢送词是客人应邀参加了活动，主人为表达对客人的欢送之意，在一些会议或重大庆典活动、参观访问等结束时的讲话。

2.欢送词的特点

欢送词具有惜别性和口语性的特点。欢送词要表达亲朋远行时的感受，所以依依惜别之情要溢之言表，尤其是公共事务的交往，更应把握好分别时所用言辞的分寸。另外，欢送词的口语性也很强，遣词造句也应该注意使用生活化的语言，使送别既富有情趣，又自然得体。

3.欢送词的结构

欢送词一般包括标题、称谓和正文三个部分。

（1）标题　欢迎词的标题有如下三种。

第一种：完全性标题，由“致辞人+事由+文种”构成。

第二种：省略性标题，由“事由+文种”构成。

第三种：简单性标题，只写文种，如“欢送词”。

（2）称谓　写对欢送对象的称谓，并将所有来宾都包括进去。

（3）正文　欢送词正文包括三部分，具体如图8-3所示。

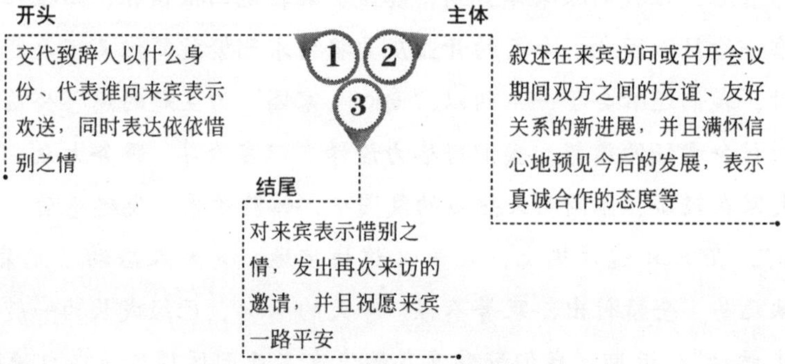

图8-3　欢迎词的正文

【范本】××汽车4S店送别××先生的欢送词

尊敬的××先生：

再过半小时，您就要启程回国了。我代表××汽车4S店，并受××副总裁之托，向您及您率领的代表团全体成员表示最热烈的欢送！

我十分高兴地看到，近一个星期以来，我们双方本着互惠互让的原则，经过多次会谈，达成了几个实质性协议，取得了令人满意的成果。在此，我们对您在洽谈中表现出的诚意和合作态度，深表感谢！我衷心地希望您和您的同事们今后一如既往，为进一步发展我们双方的往来而不懈努力！

我们期待着您和您的同事们明年再来这里访问。

谨致最良好的祝愿！

第二节 开幕词、闭幕词

一、开幕词

1. 定义

开幕词是在重要会议或重大活动开始时，为会议主持人或主要领导人讲话所用的文稿。开幕词的主要特点是宣告性和引导性。

开幕词通常要阐明会议或活动的性质、宗旨、任务、要求和议程安排等，集中体现了大会或活动的指导思想，起着定调的作用，对引导会议或活动朝着既定的正确方向顺利进行，保证会议或活动的圆满成功，有着重要的意义。

2. 格式

开幕词由标题、正文和结束语三部分组成，各部分的项目内容与写作要求如下。

（1）标题　标题一般由事由和文种构成，有的标题由致辞人、事由和文种构成，有的采用复式标题，主标题揭示会议的宗旨、中心内容，副标题与前两种标题的构成形式相同，也有的只写文种“开幕词”三个字。

时间在标题之下，用括号注明会议开幕的年、月、日。

（2）正文　正文包括开头、主体和结尾三部分，如图8-4所示。

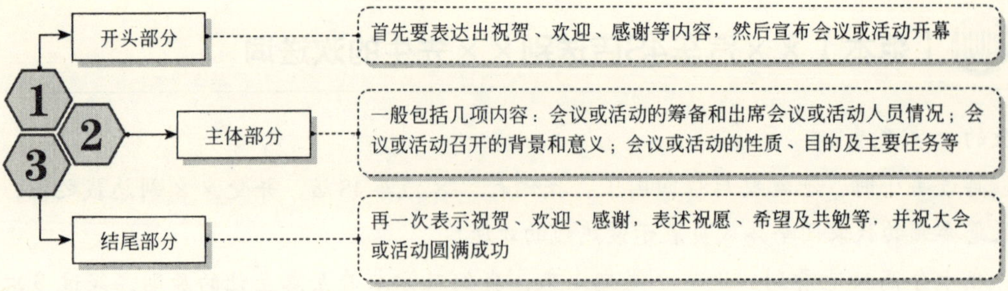

图8-4　开幕词的正文

（3）结束语　开幕词的结束语要简短、有力，并要有号召性和鼓动性。其写法常以呼告语另起一段，如“预祝大会圆满成功”。

【范本】××汽车4S店开业庆典开幕词

尊敬的各位领导、各位来宾、女士们、先生们；

上午好！

在这金秋送爽、喜结硕果之时，山西××融通雪佛兰、山西××上通别克两家4S店正式开业了！

在此，我代表××集团、山西××汽车集团对今天在百忙之中前来参加庆典的各位领导、各位嘉宾、女士们、先生们表示衷心的感谢！

××集团从××年成立以来，始终本着诚信经营、科学管理、健康发展的经营宗旨，从一个单一的汽车维修企业发展成为一个涉足大型零售、汽车市场、资本运作、地产、酒店等行业的大型民营企业集团公司。集团拥有子公司11家，历年来为国家纳税7亿多元，解决就业5000多人，为社会各项公益事业捐赠5000多万元，××集团、山西××汽车集团能取得这样的成绩，与社会各界的关心和支持，与全体员工的精诚团结、努力协作是分不开的。在此我表示衷心的感谢！

从××年开始，××集团调整了发展战略，加大了对汽车板块的投入。先后取得了××市别克第二家4S店、雪佛兰4S店、与××市别克4S店的经销权，并斥巨资购入三块土地用于三个4S店的兴建。今天，山西××融通雪佛兰、山西××上通别克的开业，标志着××集团旗下的汽车板块又迈向了一个新的起点。××成立22年来，我们始终本着“信誉××、技术××、服务××”的经营宗旨，为全省人民提供了一个高标准的汽车服务平台。××融通雪佛兰、××上通别克两店的落成，既为广大爱车族提供了一个新的购车环境，又为广大雪佛兰、别克车主提供了一个良好的服务保障。

“融会天下，通达××”。今天，在这里隆重举行三店同庆开业剪彩仪式，我们为之骄傲的雪佛兰、别克汽车4S店即将扬帆起航，驶向更加辉煌的未来，它必将为××的经济建设做出更大的贡献！

谢谢大家！

二、闭幕词

1. 定义

闭幕词是会议的主要领导人代表会议举办单位，在会议闭幕时的讲话。其内容一般是概述会议所完成的任务，并对会议的成果做出评价，对会议的经验进行总结，对贯彻会议精神提出要求和希望。

2. 闭幕词的特点

闭幕词的特点如图8-5所示。凡重要会议或重要活动，与开幕词相对应，一般都有闭幕词，这是一道必不可少的程序，标志着整个会议或活动的结束。闭幕词通常要对会议或活动做出正确的评估和总结，充分肯定会议或活动所取得的成果，强调会议或活动的主要精神和深远影响，激励有关人员宣传会议或活动的精神实质，贯彻落实有关的决议或倡议。

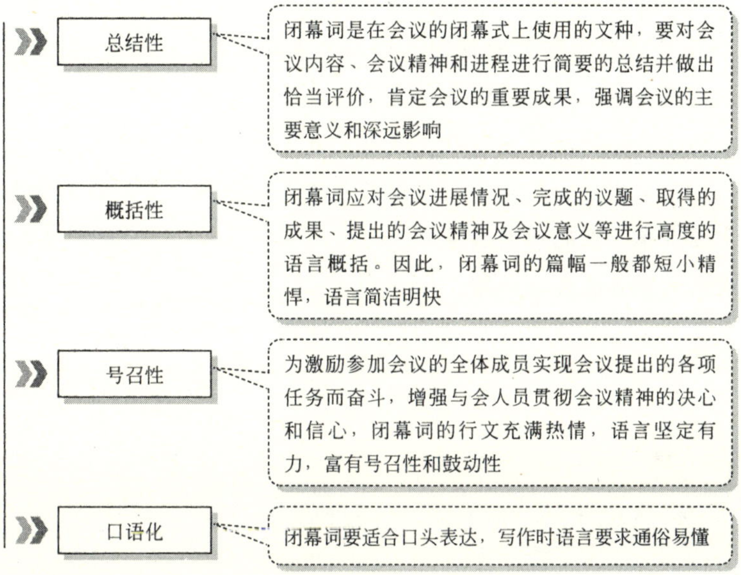

图8-5 闭幕词的特点

3. 闭幕词的格式

闭幕词的写作格式包含四个部分，具体如图8-6所示。

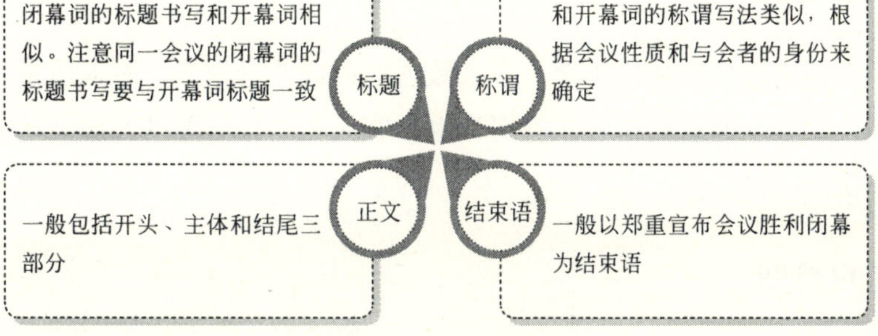

图8-6 闭幕词的格式

【范本】××全球汽车论坛闭幕词

各位嘉宾，各位朋友：

大家晚上好！到这里，全球汽车论坛就进行到尾声了，大会组委会委托我把会议结果向大家做一个汇报。××年形成了五点共识，××年的产业实践中得到了印证，也被大家所接受，这次我们组织十几个人的团队力争想把这两天的共识拿出来。刚才听了今天闭幕环节这些重量级嘉宾的演讲，我觉得我还不能总结出来，我必须回去之后组织我的团队认真研究，把这两天77位来自国内外的演讲嘉宾，包括一些小的座谈会和研讨会的一些观点认真地整理、研究，并且能够形成对于未来中国汽车产业发展真正有推动作用的共识和观点。

各位朋友，全球汽车论坛今天就要落下帷幕了，在过去的两天里，来自政府、产业界、媒体，来自欧洲、美国、日本、韩国还有其他一些国家的朋友们会聚在美丽的××，大家共同就从一个产销大国到创新强国，中国未来的历程，未来的展望进行了深入的探讨，大家有争议也有共识。非常感谢各位嘉宾参加这个论坛，也借此机会感谢关注这次会议的各位朋友。这次会议使我深受鼓舞，我感受到了中国汽车工业的力量，我也坚信通过大家的共同努力，未来十年一定是中国汽车工业从大到强的十年。这是世界汽车工业的一大盛事，也是中国汽车工业的一大盛事。

最后，再次向大家再次表示感谢。

现在我宣布，××全球汽车论坛胜利闭幕！谢谢大家！

第三节 答谢词

一、答谢词的定义

答谢词是指特定的公共礼仪场合，主人致欢迎词或欢送词后，客人所发表的对主人的热情接待和多关照表示谢意的讲话。答谢词也指客人在举行必要的答谢活动中所发表的感谢主人的盛情款待的讲话。

二、答谢词的类型

依据不同的致谢缘由和致谢内容，答谢词可划分为两个基本类型，具体如图8-7所示。

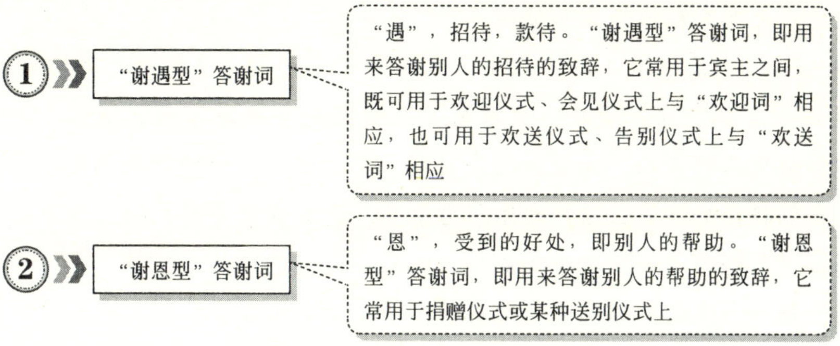

图8-7　答谢词的两种类型

三、答谢词的格式

1. 标题

在第一行居中的位置上写上"答谢词"。

2. 称谓

另起一行顶格写致辞对方的姓名、头衔，既可以是广泛对象，也可以是具体对象。称呼后加"："以示引领全文。

3. 正文

答谢词的正文主要有几个要点，具体如图8-8所示。

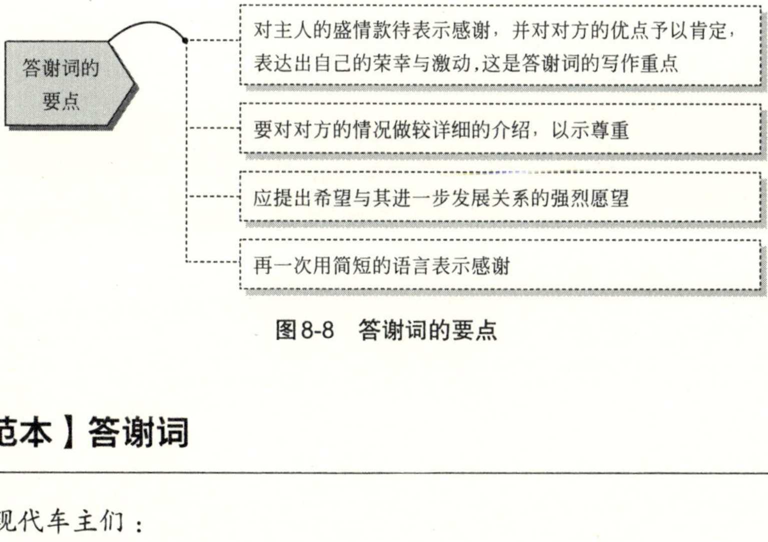

图8-8　答谢词的要点

【范本】答谢词

尊敬的北京现代车主们：

大家好！非常感谢大家百忙之中能够来参我们的年终客户联谊会。

凯歌高奏辞旧岁，豪情满怀迎新年。我们即将送走硕果累累的××年，迎来充满希望的××年。××年，北京现代年销售××辆，累计销售××辆，发布会于××月××日在北京圆满闭幕。北京现代以很短的时间、很快的速度、很昂扬的姿态，创造出中国汽车行业的又一个奇迹！这是北京现代工业发展史上的又一辉煌时刻！也是站在北京现代身边给予支持的广大客户群体的共同荣耀。

北京现代××4S店进驻一年多以来，不断进步和发展，总销量轻松突破××辆大关和年销量达到××辆。立足现在，放眼未来，我们拥有××万的忠实客户，我们将一如既往地为您提供优质的产品，加强和提高售前、售后服务，继续秉承品质经营方针，强化质量管理，我们将会更加关注客户的体验与感受，更加重视与客户的鱼水关系。

我们深知所取得的每一点进步和成功，都离不开您的关注、信任、支持和参与。您的每一次参与、每一个建议，都促使我们不断奋进，同时也给予了我们更多的力量与信心。

我们希望用最朴实的行动感恩我们最尊贵的客户，用负责任的态度与您携手共创美好明天！××年即将走过，我们相信，站在这个新的起点，有着你们背后坚定的支持，北京现代的新十年之路，将会走得更加坚实，更加精彩！

在××新年钟声即将敲响之际，恭祝您和您的家人心情愉快，身体健康，××更加辉煌！

谢谢大家！

第三部分　活动策划

第九章

汽车4S店车展活动策划

第一节 汽车4S店的车展活动认识

一、车展认知

1. 车展的定义及概述

车展全称为“汽车展览”（auto show），是由政府机构、专业协会或主流媒体等组织，在专业展馆或会场中心进行的汽车产品展示展销会或汽车行业经贸交易会、博览会等形式的展会。

车展不仅是汽车工艺的呈现与汽车产品的广告，而且能够促进汽车制造业者和当地经销商的公共关系。消费者可经由汽车展览会场所展示的汽车或汽车相关产品，端详汽车制造工业的发展动向与时代脉搏。汽车厂商则可以通过车展对外宣传产品的设计理念与发布的产品信息，了解世界汽车发展方向。

车展包括国际大型车展、地域性车展以及汽车4S店车展。作为汽车4S店，主要参加的是本店所在城市的地域性车展，并负责策划本店的车展活动。

2. 车展类型

汽车展览主要包括以下几种类型。

（1）大型综合性汽车展　这种车展由国内外厂商组织参展，展览面积在8万平方米以上。在我国众多汽车展览会中，最受瞩目的是北京国际汽车展览会和上海国际汽车展览会。目前已成为国内规模最大、权威性最强、档次最高的国际性专业展会。

（2）区域性汽车展　区域性汽车展览会以国内厂商为主体，国际品牌多以代理商参展为主，展览面积在4万～8万平方米。主要的展会有华南地区的广州国际汽车展览会、深圳国际汽车展览会和东莞国际汽车展示交易会，杭州国际汽车展览会，东北地区的长春、沈阳国际汽车博览会，以及西南地区的成都国际汽车展览会。

（3）以省市招商为主的汽车展　这类展览会以国内经销商和国外品牌代理商为主，也有一部分国内厂商参与，展览面积在4万平方米以下。此类展会，在数量上占一半以上。

（4）各种专业性、专题性汽车展览会　这种展览会是汽车展览市场细分的结果，是汽车展览市场中更趋专业化的产物。就汽车展览会的发展来看，这种大、中、小型结合，综合性与专业性结合的展览结构，对于推动国内外汽车界的交流、发展、合资与合作、繁荣地区经济、完善市场服务体系等方面起到了积极的推动作用。

以下是一些汽车4S店做过的有关车展宣传的范本，供读者参考。

【范本】××汽车4S店5月1日进军××车展啦

买上海大众、进口大众车，就到××汽车4S店。××汽车4S店20年来始终坚持以客户为本，得到广大客户的长久信赖，销售出的上海大众汽车连起来可绕××地区一圈！

××汽车4S店的上海大众、进口大众车于5月1～3日进军××汽车城啦！优惠等你来享！体验红牛车队赛车，另外买车即赠红牛饮品一箱。有意向购买上海大众汽车的您，不容错过的机会终于来了，上海大众、进口大众车，您值得拥有！

●团购车型：上海大众途观、波罗、朗逸、朗行、朗境、新帕萨特、途安、全新桑塔纳，进口大众途锐、夏朗、多功能商务车迈特威、甲壳虫、尚酷。

●活动地点：××汽车城××××展位。

●团购时间：××月××～××日。

●团购区域：购上海大众汽车的客户凭身份证均可参加，进口大众汽车不限区域。

【范本】北京现代××4S店车展促销活动开始了

北京现代××4S店，在××××年××月××日到××月××日北京车展举办期间，开展"看车展·换新车活动"。活动期间置换有惊喜，购车有优惠！

一、置换有惊喜

置换北京现代任意车型即可获得最高6000元置换补贴。

二、购车有优惠

1. 全新胜达最高优惠3万元整。

2. 第×代索纳塔最高优惠4万元。

（优惠车辆有限，先到先得，订车从速）

【范本】超级越野风，你还hold住么？

艾叶飘香，时近端阳。一年一度的汽车界盛事——昆明国际汽车博览会将于××年6月23日在昆明国际会展中心举办。对各汽车品牌4S店来说也是一次同场"竞技"的比赛。聚人气、拼价格，各种演艺、礼品和优惠自然是必不可少的吸客利器！但尽管各汽车品牌使出五花八门的招数，拥有"SUV世家"金字招牌的广汽三菱又岂会错失这次机会？我们要以"不一样"的方式来回馈消费者！车展期间，广汽三菱更将全系车型大促销，综合优惠尺度高达4.5万元！

不一样的风格——越野风强劲登陆

两千多年前，云南的马帮商队凭借坚忍不拔、勇于开拓的"硬汉"精神开辟出功绩彪炳史册的“南方丝绸之路”。两千年后，经历过“丝绸之路万里行”重重考验的“硬汉”——新劲炫和新帕杰罗·劲畅来到云南，自当循着“南方丝绸之路”的足迹，再次打造“硬汉精神”。

在本次昆明车展上，为打造“硬汉”的视觉盛宴。展台布置更是别出心裁，广汽三菱展台将以与众不同的风格亮相！模特走秀、铁汉柔情的搭配，在现场上会擦出怎么样的火花呢？敬请各位消费者期待！

不一样的优惠——全系车钜惠放价

世界这么大，我想去看看！相信每个人心里都有一座大山，总想翻过这座山去看看山外面的世界。而地处于云贵高原之巅的云南省，山地面积占全省的94%，地理位置上也确实是一个大山与深谷环绕的世界，要想走出云南“看世界”，买一辆硬派SUV，则能让自己底气十足，翻山越岭，想去哪里都可以。

如果你迟迟没有订购是出于价格的考虑，那么现在好了！广汽三菱端午节后大放“价”，全系车型均有优惠！针对新劲炫，广汽三菱将给予2万～4万元购车综合优惠；针对新帕杰罗·劲畅，更将有4万元优惠。车型版本越高，优惠力度越大！作为“丝绸之路万里行”官方唯一指定用车，新劲炫和新帕杰罗·劲畅都曾穿越30000千米，沿途经历沙漠、戈壁、冰川、高山等七种地貌，在长时间、高强度、多路况的行驶中展现出的专业品质，成为车队安全护航可靠保障。其品质值得信赖，绝对是“看世界”行动首选！如今广汽三菱展台那么优惠，你不想来看看吗?

云南民族风情多姿多彩，广汽三菱展台也将融入各种的民族元素。广汽三菱展台还将有“摇一摇”“一元竞拍”等互动活动嗨翻天。礼品中移动电源、蓝牙音响、U盘、mini iPad届时“挥一挥手”就到“碗里”来了；车载冰箱、行车记录仪等通过“一元竞拍”就能带回家！

号称“购车最佳时机”的昆明车展即将开幕，赶紧摩擦摩擦，瞅准时机带走“劲劲”吧！如果还准备畅游“南方丝绸之路”这种道路尤为严苛的路线，不妨就让“劲劲”带着你，你带着钱，说走就走！广汽三菱恭候不一样的您！

二、巡展认知

1.巡展的定义

巡展是指通过深入目标市场和开展现场宣传，以达到广告促销效果的一种宣传活动。它具有针对性强、精细化、覆盖广、信息到达率高等优点。

2.巡展的类别

巡展主要包括三种，一是总部策划巡展；二是大区策划巡展；三是汽车4S店自行策划巡展。

3.巡展的目的

通过持续的活动达到迅速提升品牌在当地市场的知名度、认知度，最终赢得口碑以促进销售。

4.巡展活动的组成

巡展活动的组成如图9-1所示。

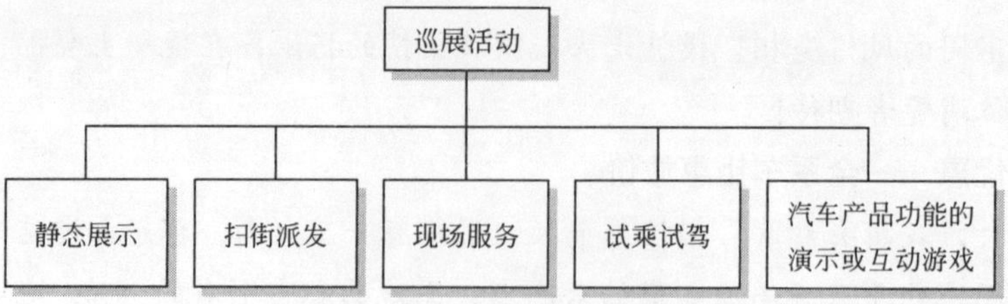

图9-1 巡展活动的组成

5.巡展的标准

汽车4S店根据当地实际市场情况选择巡展形式，如图9-2所示。

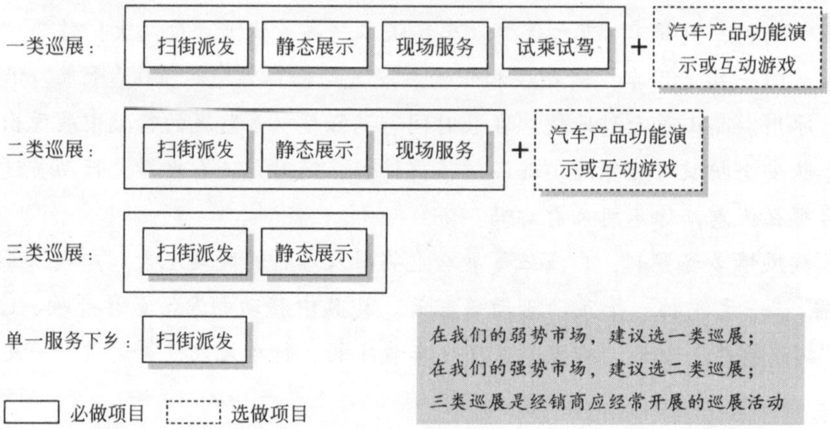

图9-2 巡展标准

以下是两个汽车4S店做过的有关巡展宣传的范本，供读者参考。

【范本】“奥游四海” 广汽本田××4S店巡展活动

五一的促销过去了！没买到××靓车的您是否很懊恼？没关系！广汽本田××店满足您的愿望！在此巡展活动期间将有新一轮的降价促销活动期待您的参与。

1.活动时间：5月5～10日。

2.在××地区举行巡展活动。

3.展厅与巡展同步礼遇。

4.抢先一步。

活动期间进店并关注本店微信公众号即送精美礼品（人手一份，永不落空）。

5.不减不休。

广汽本田××店不减不休，指定车型最高优惠直减高达38000元！

6. 纯正用品赠送。

活动期间订购汽车的客户可任选原厂纯正用品一件（数量有限，先订先有）。

7. 换购首选。

任意品牌汽车置换歌诗图全系、雅阁2.4L享 8000元补贴！置换雅阁2.0LX享5000元补贴！置换奥德赛全系享5000元补贴！

8. 节能补贴。

第三代飞度1.5L CVT系列享受国家惠民补贴3000元！

9. 参与活动减车价。

活动期间订购汽车即可参与“银币一手抓”活动，可抵减车价！

【范本】会移动的4S店，东风风神小篷车巡展活动

您是不是因为工作太忙而错过了很多促销优惠购车活动？不用懊恼啦！现在东风风神××4S店将举办“会移动的4S店”——东风风神小篷车巡展活动，此次巡展您一定不容错过，优惠措施绝对让您心动！还将有礼上礼！折上折！

时间：×月×× ～ ××日。

报名电话：略。

本次巡展汇集了东风风神AX7、L60、A60、A30、H30 cross、S30全部车型，优惠幅度非常大，一定会吸引到场客户的目光。同时多重礼包和现场大奖将为您带来前所未有的意外惊喜。

××4S店针对网购人群开展了底价直销活动，网络客户可通过网络渠道直接获取当月优惠措施，为您省去烦琐的砍价环节，网络预约到店可额外享受“网购礼包”一定会让您“购车顺心，购的放心！”

第二节 汽车4S店参展活动策划

一、选择合适的车展

策划车展活动首先需要选择合适的车展平台，在平时的工作中，多留意各种车展信

息。当然，不是所有的车展都需要去参加，一定得是适合汽车4S店的车展，只有合适的才是最好的。在选定适合汽车4S店的车展类型时，需要考虑以下一些问题。

① 这种展会是否能够很好地配合汽车4S店的营销计划？

② 展会期间汽车4S店有无其他安排计划与活动？

③ 展会地点交通是否方便？

④ 参加展会的人员将有多少是本汽车4S店的目标客户？

⑤ 参加展会的人员有多少是本汽车4S店的现有客户？

⑥ 车展主办方会采取哪些措施来进行宣传推广？

⑦ 类似的展会以前的成功率是多少？

⑧ 哪些竞争对手已确定参加车展？

二、阅读车展手册

在选择好合适的车展，并在展厅完成登记手续后，主办方会发一本小册子，将车展各方面情况做详尽的指导与介绍。这本小册子上提供的一些基本信息将直接影响到展销的成功与否。

汽车4S店要参加车展，必须向主办方了解相关信息，才能做到心中有数，有利于做好活动策。一般主办方都会向参展商发放参展商手册，汽车4S店必须详细阅读手册。每个展会都会有不同于其他展会的条例规则，且以不同的文本呈现。车展手册基本信息主要包括以下几个方面。

① 展会基本信息。

② 展会安排。

③ 合同信息。

④ 登记、服务申请表。

⑤ 用电服务。

⑥ 场地安排。

⑦ 展品规格。

⑧ 住房信息。

⑨ 广告和宣传。

三、制定车展营销策略

车展是汽车4S店整体营销运作中的重点，是本汽车4S店整个营销计划中的一个重要组成部分，应该制定出短期和长期目标。

在决定参加车展之后，可以根据车展手册来制定营销策略，需要考虑以下几大类问题，具体如表9-1所示。

表9-1 制定车展营销策略应考虑问题

序号	问题类型	具体问题
1	适合车展的营销策略有哪些	（1）想在现有市场内增加现有产品或服务吗 （2）想把现有的产品或服务投入到新的市场中去吗 （3）想把新产品或服务投入到现有市场中去吗 （4）想把新产品或服务投入到新市场中去吗
2	车展要达到什么样的目标	（1）要增加多少销售额或订单 （2）是否需要引导目标客户 （3）是否需要发布新产品及服务
3	汽车4S店想要展出什么	（1）是否需要展示新产品 （2）是否需要展示汽车4S店文化 （3）是否需要展示模拟生产线
4	谁是你的目标顾客	（1）目前客户是否还需要进一步交流 （2）参加的供应商有多少人 （3）是否有直接的消费者参加
5	展销预算怎样	（1）车展场地需要多少费用 （2）车展展览设计需要多少费用 （3）车展车旅费需要多少 （4）车展需要多少广告、宣传等活动费用

四、决定场地及展览需要

展销策划中很重要的一部分内容是需要知道要多大的地方来摆放展品，这就如同先买一块地，然后再在上面建一所房子，两者的区别仅仅是在车展上所做的一切都是临时的。

1.计算出所需场地大小

在决定需要多大场地时，应该明确目标，更重要的是考虑预算。一些汽车4S店会首先考虑他们在市场中的规模，然后再相应地租用展会场地。

2.选择最佳位置

每个汽车4S店都想在展会上得到一个有利于营销宣传的理想位置，但是车展各不相同，最佳位置也会因不同汽车4S店的营销侧重点不同而有异。

（1）场地研究应注意的方面　位置选在入口的右侧或展销大厅的中央。调查表明，展销大厅右方和中央最能吸引人们的目光。如果计划参加的车展每年都在同一地点举行，应该重点研究一下参展人员流动的模式，然后再确定下一年的车展场所。

（2）场地布局应注意的方面　决定场地之前，应和展会管理部门商讨展会的布局，了解哪些地方最具吸引力，行业的领导者位于何方，竞争对手在哪里，然后再决定位置。

（3）展览室平面图应注意的方面　在查看展览室平面图时，需要使用一个放大镜，慎重对待平面图上的每一个标记。在预订场地前，一定要看明白平面图。

3.展厅设计考虑因素

在车展中，一个独特的设计会更加吸引人的注意，汽车4S店展销的目的是为了招揽顾客，以便能够达到营销目的。因此，在进行展厅设计时，需要注意以下事项，如图9-3所示。

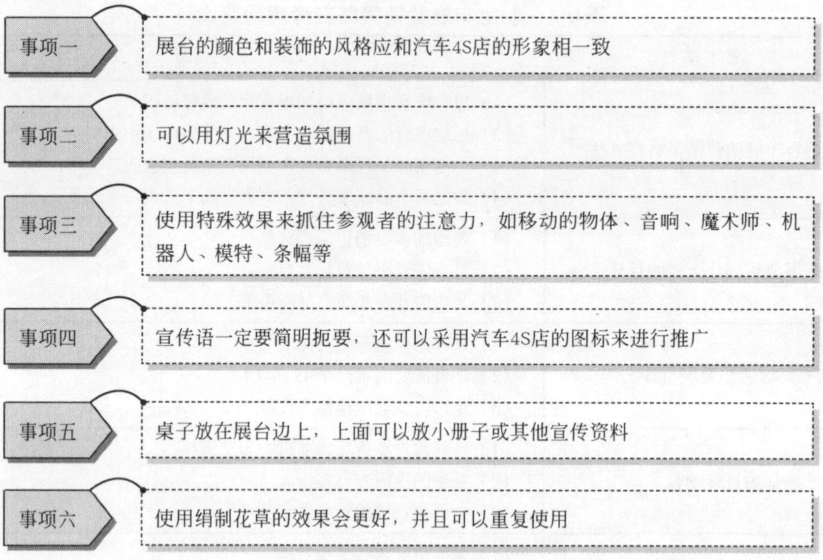

图9-3　展厅设计注意事项

五、签订参展合作协议

汽车4S店要与展会主办方签订协议，以保证双方权益。

六、宣传汽车4S店的展销

车展管理人员只负责向合适的人群宣传展会，但是，参观者在展会上做什么，到哪里去，却不在展会管理人员的控制之内。展销商需要告诉参观者展销什么，展销处又在哪里。

据调查显示，76%的参观者都是有备而来的。如果不清楚你的展销意图，那么展销策划成功的概率将会十分渺茫，尤其是在大型展会上。所以，宣传便成为展销成功的一个重要因素。

1.制订宣传计划

（1）制订计划需考虑的问题　制订一个高效的宣传计划，需要考虑如图9-4所示的三个基本问题。

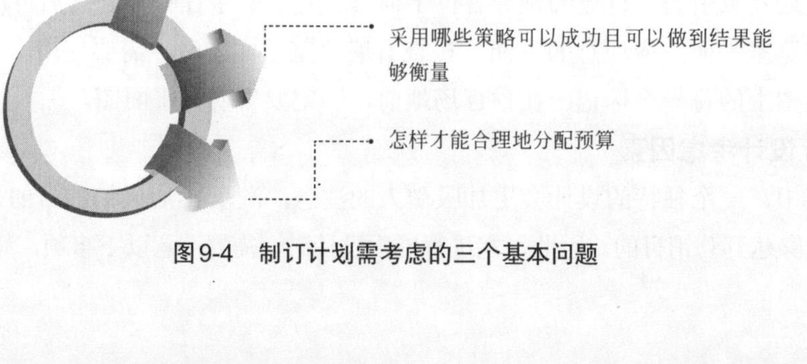

图9-4　制订计划需考虑的三个基本问题

（2）宣传的内容　宣传应该包括如图9-5所示的几点内容。

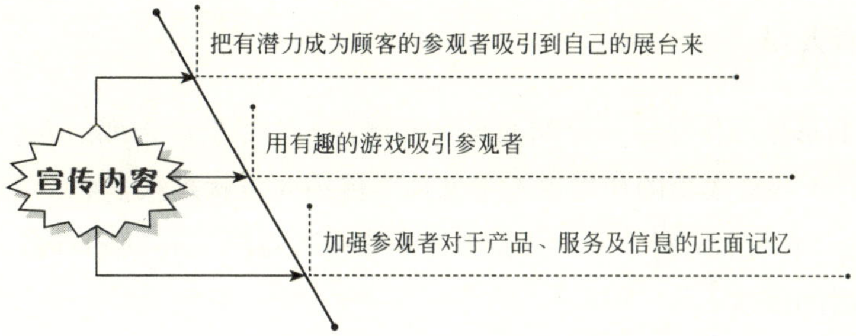

图9-5　宣传的内容

2.确定宣传计划

营销计划中非常关键的一部分内容是在展前、展中和展后进行宣传。大多数展销商都缺乏这方面的规划。当然，宣传活动也取决于预算的多少。

（1）锁定好宣传目标　展前宣传的关键是锁定好目标，那些真正想走入你的展销处，想获取多一点的信息、想买你产品的参观者。展前宣传的形式很多，一般采取的方案是划分参观者的类别，再根据其特征与汽车4S店的营销计划来锁定宣传目标，如表9-2所示。

表9-2　参观者类别及特征

序号	参观者类别	特征
1	主要参观者	这组参观者非常重要，占你业务量的大多数，大约是80%
2	其他参观者	这组参观者购买你的产品，但并非只与你们4S店有业务上的往来，这就意味着你还有机会争取他们更多的业务
3	有希望成为你客户的参观者	这组参观者应该列在名单的首要位置。他们购买汽车4S店的产品只是个时间问题
4	其他有希望成为你客户的参观者	如果汽车4S店肯把时间花在这部分参观者身上，他们肯定会乐于买本4S店的产品

（2）了解参观者的需求　宣传策划成功的关键是了解参观者的需求。参观者观看你的展览的第一原因是你的展品中有其所需要的产品。

3.创造独特风格

当你准备进行宣传时，创造出独一无二的风格能够使汽车4S店在市场中别具一格。为了做到这一点，请你询问自己以下三个问题。

① 汽车4S店展示怎样的产品或服务才能做到与众不同，使参观者都来到你的展台，争着买你的产品？

② 汽车4S店应采取哪些措施使自己强于竞争对手？

③ 汽车4S店应对购买者提供哪些服务有实际价值？如优异的质量保证、快捷运送、最低价格等。

4.使用个性工具

宣传工具是与所参观者进行交流的方式，选择宣传工具一定要体现出自己的风格及汽车4S店的最好形象。

七、配备展销人员

汽车4S店的形象不仅在于一个精心设计的展位、别致的广告或给人印象深刻的宣传品，展销人员对于展销成功的作用也不可低估。展销人员就是汽车4S店的形象大使，展销人员的态度、形体语言、外表和学识都会影响参观者对汽车4S店的看法。

1.挑选合适的团队

鉴于展销人员的重要性，在挑选展销人员时要认真考虑。一般挑选如表9-3所示的几类员工参加车展。

表9-3 挑选展销人员的要求

序号	类型	说明
1	有人缘	一般来说，喜欢和各种各样的人交流，好交际且待人友善，喜欢和别人建立友好关系，是优秀的团队协作者
2	有热情、有朝气	作为汽车4S店的代表，对自己和所代表的汽车4S店持肯定态度，富有激情和热忱的工作态度，极富感染力，从而有利于销售
3	有观察力	在车展所有活动中，展销人员必须具备观察力和非语言行为的能力
4	良好专业知识	车展往往不适合新员工参加，新员工往往专业知识欠缺，不足以应对所有参观者
5	善于倾听	交谈中，参观者经常会露出他们有兴趣购买的口风，展销人员需要将100%的注意力集中在来访者身上，倾听参观者的诉求
6	能够体谅他人	能够设身处地为参观者着想，对参观者表示理解、感激，并且想办法及时回答参观者所关心的问题

2.做好组团参展工作

组团参展是指参加车展的所有成员组成一个团体来参与车展，这就需要做好各项协调工作。在展会前，应组织一次团体会议，讨论各种可能会出现的问题。

（1）明确参展目的　明确汽车4S店参展的目的及通过此次展会取得怎样的效果，并利用这个时间将汽车4S店展销的目的及目标告诉员工。

（2）熟悉展销产品　让展销队伍知道计划展销的产品及服务。如果汽车4S店想举办各种活动，一定要让员工们知道。

（3）制订个人目标　鼓励员工在展销总体目标的基础上制订自己的个人目标。制订个人目标，可以使展销人员增强主人翁的责任感，改掉不良习惯，使他们自己的参展目的更加明确。

参加展销工作的员工也需要知道每天的安排和要求他们做什么。例如，汽车4S店希望他们和多少客户交流、得到怎样的信息等。

（4）掌握演示技巧　汽车4S店的展销人员要经过专业的训练，才能更加有效地进行展会工作。掌握好产品演示技巧才能够满足客户的需要。

八、召开展会前会议

在展会前的会议上，要和展销人员讨论展会上的四个步骤，具体如图9-6所示。

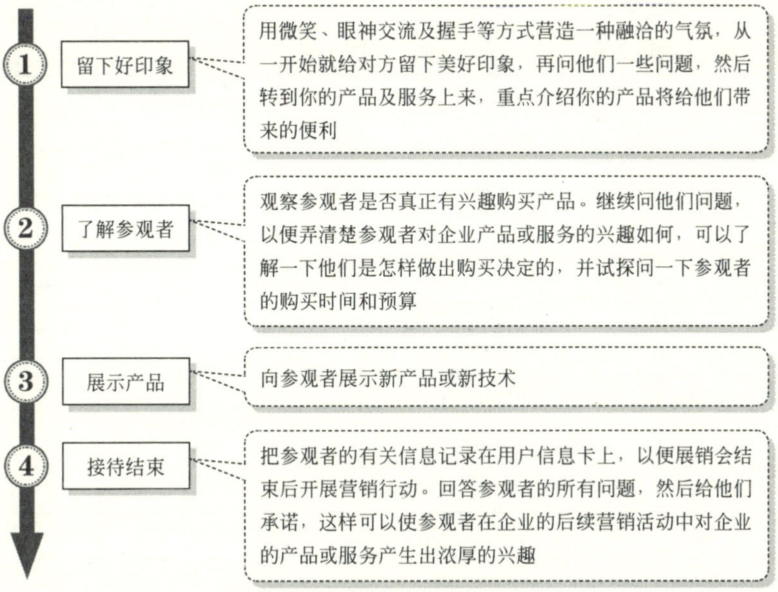

图9-6　召开展会前会议步骤

九、制定展会流程

汽车4S店参加车展前，就要明确展会流程，以便有条不紊地进行后续工作。可以运用如表9-4所示的展会流程表来予以控制。

表9-4　展会流程表

工作大项	明细	截止时间	负责人
车展前期准备活动	确定活动策划方案		
	确定场地、签订合同		
车展前期准备活动	确定现场表演人员		
	准备产品宣传资料		
	准备环保袋、礼品及广告的制作		
	确定车模、举牌小姐、车模服装、举牌小姐彩带		
	准备现场播放广告片		
	事先准备好车展活动对外宣传稿、领导发言稿、现场有奖问答稿		
	宣传单及报名表制作		
	摄像器材及摄像人员费用		
	媒体的邀约及前期宣传工作		

续表

工作大项	明细	截止时间	负责人
车展前期准备活动	展车的准备（临牌、加油等）		
	展车车内装饰		
	车展期间销售人员的安排、销售人员照片上交市场部		
	销售人员服装、计算机、名片、笔、记录本、车辆宣传资料及车展期间收集客户资料的任务等		
	客户邀约		
	门票发放、礼品购买及发放、客户资料收集		
	制定车展现场相关销售政策以及确定对外宣传代言人		
	布展、搭建、交纳卫生费、水电费押金等		
	展车出入场、试乘试驾车的管理、现场人员餐饮及饮用水安排		
车展期间管理工作	安排现场展车及销售人员的管理工作		
	现场演艺人员及主办方的沟通协调工作		
	电台及电视台采访、对外宣传代言人工作的落实		
	试乘试驾车管理、现场人员餐饮及饮用水安排		
车展撤展	车展车辆的撤展工作		
	室内地板、灯柱及可拆物品撤展至4S店		
	室内接待台运往××店		
	室内参数牌运往××店		

十、编制车展内部执行方案

汽车4S店在进行前期活动策划时，最后一个步骤就是编制内部执行方案。作为参展商，不仅要遵守展会主办方的相关规定，同时也要按照自己公司的工作流程来落实具体工作。

【范本】××汽车4S店车展内部执行活动方案

一、活动背景

（略）

二、活动目的

以提升销售量为主要目的，××汽车上市的宣传为次要目的。

三、活动任务

项目	不及格	第一档	第二档	第三档
数量	2辆以下（含2辆）	3～5辆	6～8辆	8辆以上

任务分解如下。

1.展厅累积交车客户，活动现场交车（1辆以上）。

2.展厅积累意向客户，活动现场定车（2辆以上）。

3.非预约客户，活动现场定车（2辆以上）。

根据上述分解，可以至少确保第一档任务的完成。

四、人员分工

组别	工作职责	人数	责任人	组员
总负责人	协助各组工作正常开展、把握时间节点	1		
联络组	1.举办方沟通协调 2.各组人员工作督促 3.各组人员调配	1		
销售组	1.产品介绍 2.价格谈判	3		
接待组	1.客户邀约 2.销售协助 3.客户登记 4.展区形象维护	2		
车辆组	1.车辆安全运输 2.洗车	3		
宣传组	1.现场DM单页发放 2.人偶服表演 3.现场活动执行	4		
后勤组	1.物资管理与发放 2.物资采购 3.交易支持	1		

五、活动流程

（一）前期准备

项目	内容		执行人
客源完成	1.通知所有意向客户车展促销信息 2.活动3天，每天邀约5组现有客户，前来领取纪念礼品		
物料完成	展场物料	地毯、横幅、拱门、促销政策易拉宝、××汽车上市易拉宝、接待桌椅	
	车辆物料	车贴、车顶立牌、报价单、前后牌、相关表格	
	发布会物料	背景画、桩桶、警戒带、幕布、礼花、主持人、乐队、车模	
培训完成	针对性卖点培训	性价比、后轮驱动、非承载式车身、底盘	
	销售策略讨论	将汽车销售中遇到的难点罗列出来，大家共同制定针对性策略	

（二）车展流程

项目	目的	时间节点	执行组	备注
××月××日				
入场、布展	以最快的时间进入销售状态	12：00以前	销售组 接待组车辆组 宣传组	
午餐时间12：00～13：00				
气氛营造	DM单页发放	13：00～14：00	宣传组	必做
	卡通人偶走秀	14：00～15：00	宣传组	必做
	车展广播宣传	15：00～16：00	宣传组、联络组	选做
	试驾送礼	16：00～17：00	销售组	选做
××月××日				
销售整备	1.展区及车辆卫生 2.当日工作梳理	8：30～9：30	全体人员	
气氛营造	卡通人偶走秀	9：30～11：00	宣传组	必做
	车展广播宣传	11：00～12：00	宣传组	选做
午餐时间12：00～13：00				
发布会准备	揭幕车辆准备并保证安全	13：00～14：00	宣传组	
	礼炮准备			
	背景画安装跟进		沟通组	
	主持人、乐队和车模到位			
	发布会小礼品准备		后勤组	
上市发布会	炒作人气，宣传促销方案	14：00～15：00	流程另起	
气氛营造	卡通人偶走秀	15：00～16：00	宣传组	必做
	试驾送礼	17：00～18：00	销售组	选做
××月××日				
销售整备	1.展区及车辆卫生 2.当日工作梳理	8：30～9：30	全体人员	
气氛营造	卡通人偶走秀	9：30～11：00	宣传组	必做
	车展广播宣传	11：00～12：00	宣传组	选做
午餐时间12：00～13：00				
气氛营造	DM单页发放	13：00～14：00	宣传组	必做
	卡通人偶走秀	14：00～15：00	宣传组	必做
	车展广播宣传	15：00～16：00	宣传组、联络组	选做
	试驾送礼	16：00～17：00	销售组	选做

（三）××汽车上市发布会流程

时间：××××年××月××日14：00～15：00
地点：车展现场主舞台
物料：小礼品20份、新车幕布1条、纸礼花1对
人员：乐队1组、走秀车模1组

时间	项目	内容	备注
14：00～14：10	热场	乐队表演热场	聚集人气
14：10～14：15	热场	主持人热场，派送小礼品	
14：15～14：20	新车揭幕	新车上市揭幕	领导揭幕同时，放纸礼花
14：20～14：30	模特走秀及产品介绍	主持人产品介绍	模特走秀的同时进行产品介绍
14：30～14：35	红包派送	凝聚人气，派送小礼品	
14：35～14：50	促销政策宣读	主持人	
14：50～15：00	乐队表演	开始接受预定	

注：礼品为盖有公章的礼品券，装入红包内。可凭礼品券到××汽车4S店展区换取磨砂杯一个。

六、促销政策及人员激励

（略）

第三节　汽车4S店巡展活动策划

一、巡展目标策划

巡展是一个持续性、系统性的市场活动，活动前商家要进行SWOT分析，并根据分析制订自己巡展的目标、规划巡展的地点，并排出执行计划。执行计划以月为单位编排，明确目标。

二、巡展时间拟订

如果是总部或大区巡展，就不用考虑巡展时间。如果是汽车4S店自行策划巡展，则要考虑时间安排。

汽车4S店自行策划巡展，可以考虑和其他促销活动同时进行，或定期举行，或配合总公司的宣传活动进行，但不宜过于频繁。

三、巡展车型挑选

① 有新品推出或对某产品进行大力促销时，总部会对各区域的巡展车型做出要求。

② 在没有新品推出或针对某产品进行大力促销时，则可以针对目标市场挑选出销量好的车型开展巡展。

③ 总部市场网络部将于每季度分析出重点巡展市场应对车型，并发放到各销售服务大区。

四、巡展路线制定

路线和时间安排尽量合理。制定路线者对当地的路线等情况必须熟悉。尽量选择在当地赶集、节日等人气较旺的日期。

五、巡展场地选择

在选择场地的时候应该尽量考虑可以做试乘试驾和产品功能展示的地方。场地选择一般以下列地点为主：各类批发市场、集贸市场、建材市场、商铺集中处、城郊结合的营运站点等。

1. 基本要求

确定巡展活动场地落实情况。汽车4S店应在活动前3周确定场地及签订场地合同，连同场地照片及合同复印件，提交给总部项目组人员，方便总部安排活动档期。

一般在展具搭建前1天到达活动城市，汽车4S店负责场地联系的人员配合总部工作人员到活动现场定制好位置，并确定与场地方沟通好进场事宜，尽量减少展具搭建时间与搭建成本。

场地大小根据总部要求，一般整套展厅最少占地面积200平方米（20米长×10米宽×5.8米高），因此场地方所提供的场地使用尺寸须在23米长×13米宽以上，即展厅四周留有3米宽的通道。

2. 安全要求

① 汽车4S店要与场地方沟通，对展具使用地面进行处理，并用焊接技术，将螺钉与展具进行连接。

② 如场地方不允许进行地面焊接，则在展具四个边角寻找固定的建筑物，用直径不少于1.5厘米的麻绳或尼龙绳进行与固定建筑物连接。

3. 入场及撤场时间

展具搭建时间为举行巡展活动的前2天，汽车4S店提前与场地方确定搭建时间。展具拆卸时间需要10～15小时，汽车4S店与场地方也要进行事先的沟通及落实。

4. 地面要求

展厅场地地面必须平整，保证场地顺利搭建。

六、巡展人员培训

好的方案需要良好的执行，培训有利于执行，通过培训让活动人员明确各自的工作职责和工作内容，有利于提高活动效果。培训重点包括以下内容。

① 活动地点市场分析。

② 活动目的、策略。

③ 活动流程。

④ 工作内容、分工与职责。

⑤ 针对巡展地区用户特征，有目的地进行销售话术讨论和提炼。

⑥ 应该是所有人员都参加培训（包括服务）。

⑦ 巡展前3天完成培训。

七、巡展物料准备

通过物料在活动现场的应用可以增加活动的气氛，积累更多的人气。对物料要求更加规范。在物料准备阶段应该注意以下问题。

① 列出物料清单，检查各种物料的制作与到位状况。

② 分配专人负责。

③ 考虑摆放和悬挂的难度并提前采取应对措施。

④ 活动所需物料必须保证规范、整洁。

⑤ 按时间节点检查物料准备进度。

八、活动客户邀约

邀约客户参加，可以增加现场的人气，扩大巡展的活动效果。客户邀约的对象为老客户、潜在客户、竞品客户等。

1.邀约方式

老客户通过展厅人员以电话和短信的方式进行邀约；潜在客户和竞品客户通过销售顾问在扫街的时候发出邀请。

2.注意事项

客户邀约应注意以下事项，如图9-7所示。

九、巡展信息发布

① 有条件的参展商可以在巡展前对活动进行线上宣传。比如通过报纸、软文和广播等方式将活动信息广为告知。

② 微信公众平台信息发布、微博推广。

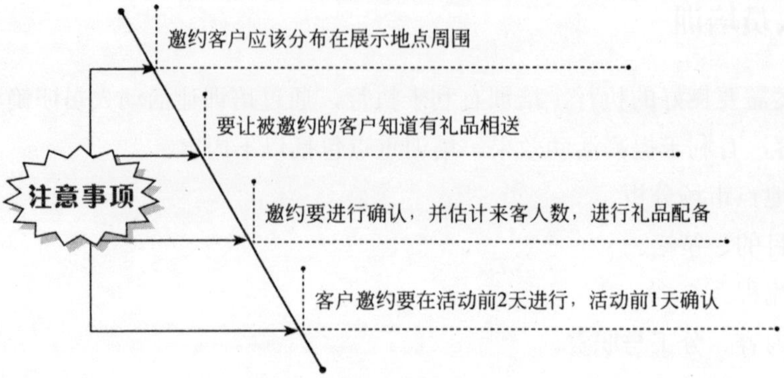

图9-7　客户邀约注意事项

③ 活动前1天进行活动邀约，有条件的可提前对活动区域进行扫街宣传。

④ 活动前2天，通过短信通知当地客户。

【范本】××汽车4S店小区巡展方案

一、活动概述

汽车小区巡展是一种最直接、最有效的营销方式之一，计划将于××××年6～8月期间，选择性地做巡回展览，通过该活动，直接与消费者建立沟通桥梁，开发市场潜力，提升××汽车4S店在本地区的市场影响力。

二、巡展活动目的

××地区汽车保有量越来越大，汽车已经逐渐成为××地区老百姓的普遍交通工具之一。因此，在小区做巡回展览，可以让××汽车4S店的服务项目及特点很直接地在消费者面前做展示，并且通过免费评估这样的“亲民活动”，直接拉近与消费者的距离，从而更有效地促进销售，并且可以掌握车辆收购量数据，为旺季市场准备充分的车源。

××地区小区巡展方案实施几大理由如下。

（1）××是××发展战略中的首要地区，需要充分开发，建立稳固的基地。

（2）××地区人口数量庞大，老百姓收入较高，车辆普及率高。

（3）汽车行业竞争越来越激烈，尤其是外地汽车连锁企业逐步进入××市场，××汽车作为本土行业的龙头企业，更需要拓展业务，稳固基地市场。

（4）费用相对较低，效果比较直接。

三、参展信息

活动主题：车辆保值率知识普及巡展。

活动时间：6～8月（间歇性巡展）。

活动地点：××市中心重点小区。

参展展位：户外展位。

活动对象：××市消费者、意向客户。

活动形式：免费评估、车辆展销、客户关怀。

四、小区巡展期间销量目标

小区巡展期间销售量目标，具体如下表所示。

小区巡展期间销售量目标

项目	收购客户	销售客户
客户资料（登记信息）/份	200	50
成交量/辆	20	5

五、促销内容

1.免费评估，好礼大派送

任何客户只要登记后便可以获得一份免费的纪念礼品。

2.买车到××汽车4S店，惊喜享不断

小区巡展活动期间，在活动现场直接成交的客户，即可免费获得价值2000元的大礼包1份。

3.买车就送车，惊喜享不停

（1）活动期间现场购买任何参展车辆，都可以获得“××自行车”1辆。

（2）购买30万元以上参展车者，还可同时获得价值1000元的大礼包1份。

（3）置换车辆，即获“三重大礼”。在活动期间，现场成功购车者，即可获得第一重大礼：汽车导航仪一台。第二重大礼：价值1000元的大礼包1份（连锁酒店、KTV、餐饮等消费券）。第三重大礼：××限量版礼品1份。

六、参展活动要点策略

1.如何集客

短信广告客户邀约，DM单页宣传，集客主要分为前期和巡展期间两个阶段。前期的密集短信及DM单页攻势，巡展期间展会现场派发“××DM单”，全面覆盖参展小区。

2.如何留下有效客户信息

免费评估车辆，免费赠送礼品。

3.如何进行促销氛围营造

现场各类大力度的促销活动。

七、活动现场

1.派发DM单

让每个路过小区巡展区的客户都收到来自××汽车4S店的信息宣传资料。

2.礼品赠送

根据观展、咨询、订单客户的差异性来派发礼品，尽可能让消费者留下个人真实买车的信息。

八、活动前期管控及执行

(一)工作分配

工作分配事项，具体如下表所示。

工作分配事项

负责项目	工作内容	负责人
车展方案培训	产品知识、促订技能、活动流程的培训、邀约话术和礼仪培训，怎样快速识别意向客户和把握客户的意向程度（由有经验的销售顾问进行讲解）	
产品知识强化及车展促订技巧	加强产品卖点的培训，同时加强车展快速签单的培训，每款车型5分钟精妙话术	
车展物料准备	所有物料的准备充分	
广告宣传计划与实施	各媒体的广告内容及宣传要点的制定与实施	
广告制作物料	广告公司进行制作和验收管控	
展具协助搭建	协助车展展具的搭建工作	
工作餐准备	统计工作人员人数	
现场展示	（1）负责资料的准备及现场派发 （2）客户的招揽和接待 （3）车辆的介绍及洽谈 （4）展车清洁 （5）车辆的评估	
交接管控	值班结束，必须把展场所有商品车钥匙交接到业务部经理处	
车展现场管控	（1）现场统筹协调安排 （2）现场工作职责分配 （3）现场工作流程的安排 （4）处理突发情况	
展车准备	（1）驾驶车辆 （2）负责车辆的安全和维护	
DM单人员	负责在小区信箱内发放DM单	
服务台接待	负责留有客户登记，发放礼品和资料等	

(二)现场互动流程

现场互动流程，具体如下表所示。

现场互动流程

负责人	现场执行流程	相关文件或表单	工作内容描述
销售人员	接待客户	产品宣传资料及名片工具	招揽来展客户，向潜在客户介绍车辆详细信息及车展活动内容
收购人员	引导客户至接待区	评估表	登记客户基本资料及详细车辆信息
后勤人员	发放礼品	礼品发放登记表	后勤人员详细登记礼品发放数目并请客户签字

九、参展时间安排

参展时间安排，具体如下表所示。

参展时间安排

活动时间	事项内容
第1天（上午）	物料准备
第1天（下午）	单页的发放、现场布置
第2天（上午）	现场的宣传
第2天（下午）	现场的宣传、撤展

十、物料清单与费用

（略）

备注：每次巡展所有物料都需由参展人员管理到位，每次结束展览后必须收好，放到后备箱，以便下次使用。

第十章

汽车4S店会员活动策划

第一节 汽车4S店的会员相关知识

一、会员业务价值概述

客户服务的最高水准是一对一服务，在力所能及的基础上充分满足客户需求。会员制服务就是为了实现汽车4S店客户服务的最高水准而设立的一种高端服务。

① 在竞争激烈的前提下，只有通过会员制才能有效地锁定客户，减少投诉。

② 客户服务的最有效手段是不断地与客户进行沟通，会员制服务就是要解决沟通问题。

开展会员的价值如图10-1所示。

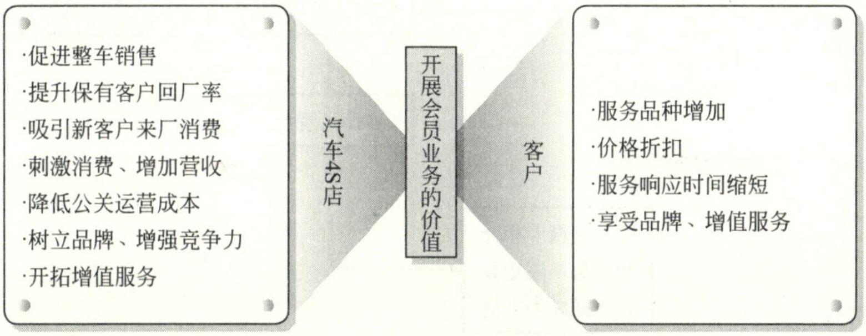

图10-1 开展会员业务的价值

二、会员业务流程开展

汽车4S店要做好会员活动工作，必须掌握会员相关业务流程。

1.会员入会流程

会员入会流程，如图10-2所示。

2.会员消费流程

会员消费流程，如图10-3所示。

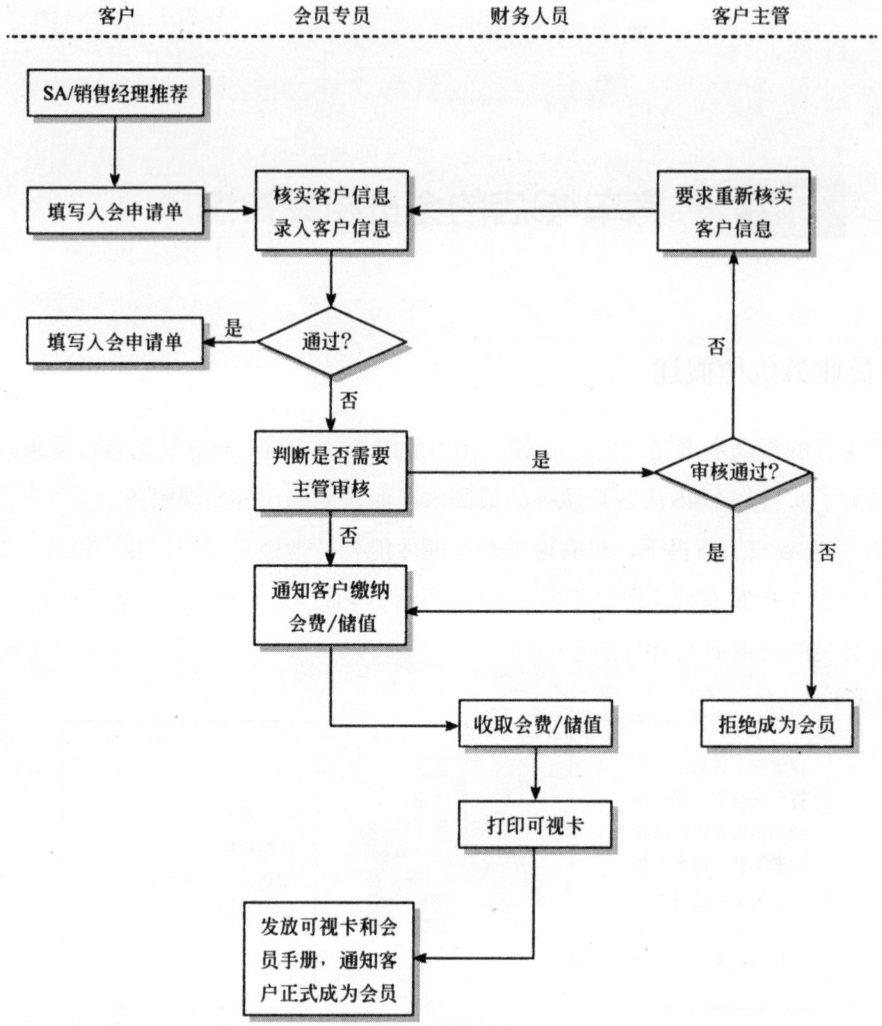

图10-2　会员入会流程

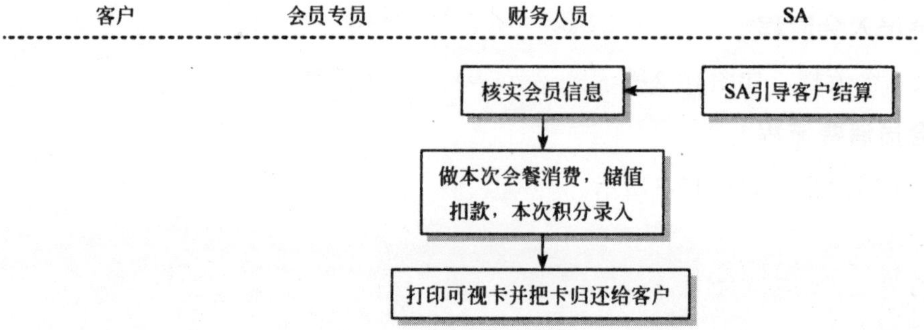

图10-3　会员消费流程

3. 会员退会流程

会员退会流程，如图10-4所示。

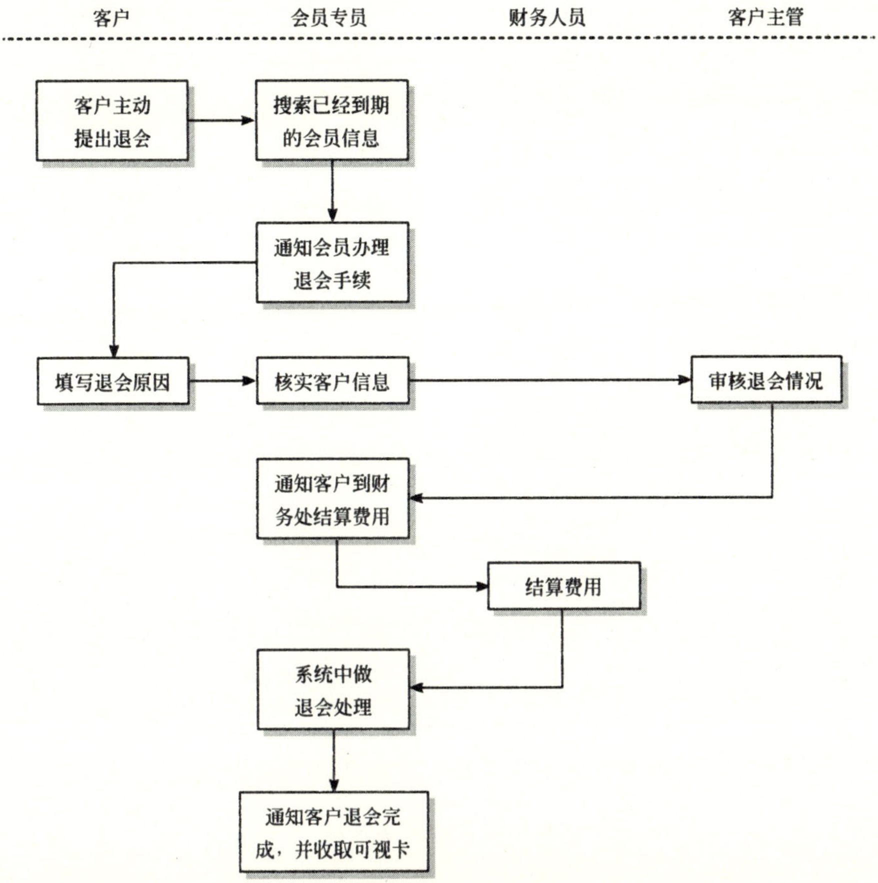

图10-4 会员退会流程

4. 会员升级流程

会员升级流程，如图10-5所示。

5. 会员投诉流程

会员投诉流程，如图10-6所示。

三、会员俱乐部管理

会员俱乐部是汽车4S店开展会员业务的主要管理部门，因此汽车4S店必须做好会员俱乐部管理工作。

1. 认识会员俱乐部

俱乐部本着为会员服务为目的，遵循一站式服务和专业化管理的经营理念，为广大会员提供一个以车会友，积极推进汽车文化发展交流的非赢利性平台。

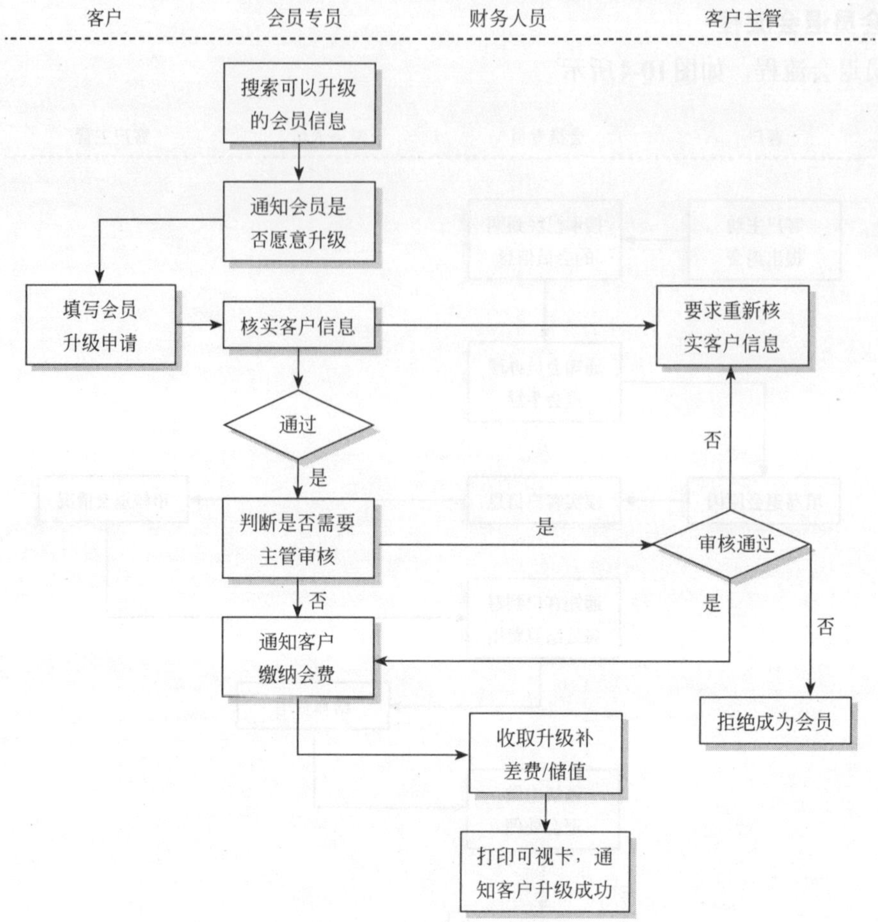

图10-5　会员升级流程

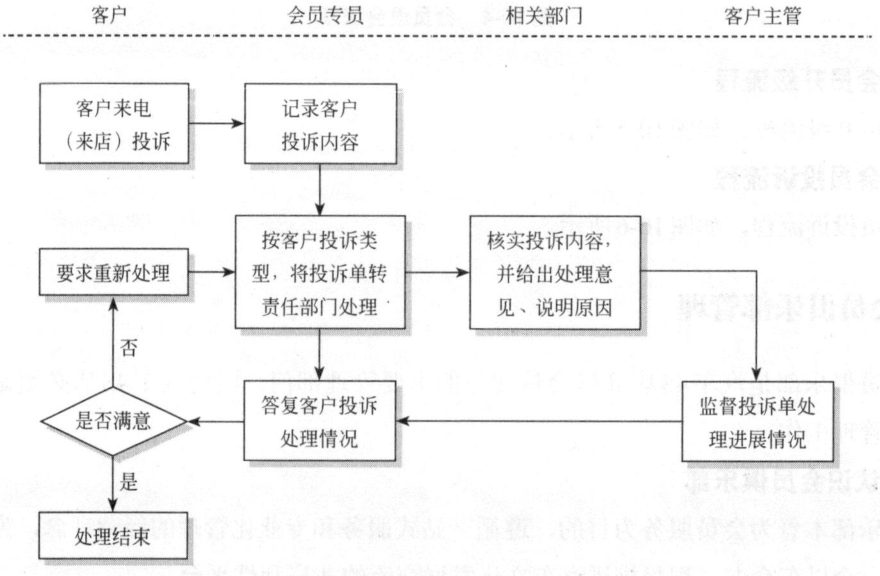

图10-6　会员投诉流程

2.会员俱乐部框架

会员俱乐部框架，如图10-7所示。

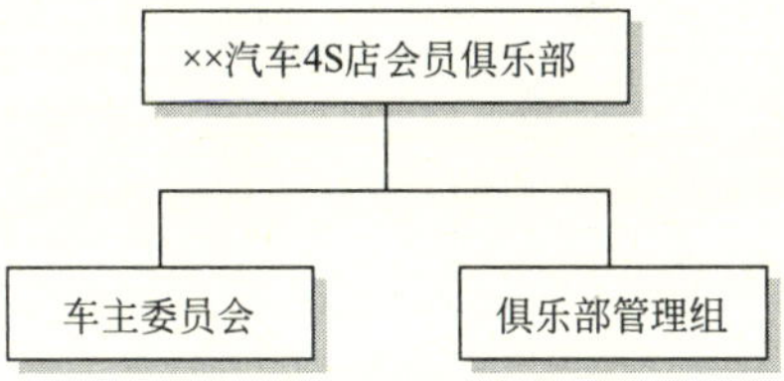

图10-7　会员俱乐部框架

四、会员常见服务项目

1.会员代办服务

会员代办服务包括定期保养提醒（提前1周）、车辆年检提醒（年检前1个月）、服务活动提醒（活动前1个月）、驾照审核提醒（提前1个月）、新车上牌代办、车辆年检代办、旧车交易代办、牌证补等，办会员可以选择短信、电话、电子邮件的提醒服务方式。

① 代办服务的免费是指免代办的服务费，仅限城区范围内，项目本身产生的费用由会员承担。

② 所有的代办服务均需在俱乐部规定的时间内预付相关费用，再行办理，俱乐部不垫付。会员未预付费用，俱乐部将不予办理，并不承担任何责任。

③ 会员在向汽车4S店工作人员交接车辆实施代办服务时，均需签署委托单（含验车程序）。

2.新车保险及续保服务

保险续保享受最低折扣优惠、对汽车投保进行科学的保险险种组合、对保险索赔进行实务指导、保险代理免服务费代办、保险理赔免服务费代办。

会员可以选择短信、电话、电子邮件的提醒服务方式，新车保险及续保服务的要求如下。

① 俱乐部协办出险理赔的对象必须是已在本俱乐部参加保险的车辆。

② 俱乐部协办出险理赔的车辆必须在本4S店维修。

③ 俱乐部协办理赔时，会员需提供真实、完整、齐全的相关材料，给予积极的配合，并签订委托书。

④ 会员入、续会登记表缴费代办一栏内注明，出险后及时提供真实、完整、齐全的相关材料，并予以积极的配合。

⑤ 对非在本俱乐部办理车辆保险的会员，俱乐部也可提供协办理赔服务，但需收取总出险赔付额5%的服务费。

3.会员贴心服务

会员贴心服务项目，具体如表10-1所示。

表10-1　会员贴心服务项目

服务项目	说明	备注
事故车、故障车现场抢修服务	（1）会员的车辆在行驶中陷入困境无法行驶，可拨打24小时紧急救援电话，告知俱乐部卡号、姓名、联系方法、车辆所处地理位置等信息 （2）汽车4S店工作人员详细询问车辆故障信息，会员要详细如实提供信息并积极配合电话指导，以免产生不必要的抢修费用。若客户不配合电话指导而产生的救援费用，由客户负责 （3）确实需要抢修，专业救援人员将在接电后迅速赶至现场进行不解体、不换件的紧急抢修，使车辆恢复行驶 （4）外地抢修，过路、过桥、油费需按实支付	如因场地、设施等因素限制或因故障严重等原因致使救援人员无法现场修复的，则拖回4S店
拖车服务	（1）在救援区域内会员按照不同的会员类别享受相应的免费拖车服务 （2）如果拖车的范围超出救援区域，则按一定标准进行收费	
现场换装备胎	（1）会员需随车自备足气备胎 （2）如需俱乐部提供轮胎，须事先说明车型、排量及钢圈、铝圈等情况，换新胎的材料费自理，工时费收费标准根据会员不同类别的相关标准执行	
紧急送油	会员车辆在行驶途中遇燃油用尽，自己无法解决时，致电24小时服务热线可获得送出汽油，油价按市价收取	

五、会员入会升级

1.入会方式

汽车4S店不是靠卖会员卡来赚取利润的，因此对于客户入会，不要设太高的门槛，而是要让全部的现有客户加入到会员俱乐部。

入会一般有销售入会、带车入会、消费入会、驾培入会、交会费入会五种方式。

2.会员卡办理

会员要入会，第一件事情肯定需要办理会员卡。会员卡办理流程如图10-8所示。

3.会员卡级别确定

基于80/20法则，对客户以往消费数据库进行分析，客户享受的会员卡级别参照客户以往对公司的忠诚度、利润贡献度大小来决定。

4.会员卡分类

会员卡可定义为钻石卡、金卡、银卡，按卡类别配备相应的服务包。

5.会员资格期限

会员资格有效期为1年，会员资格到期，续会可以采用缴纳续会费、使用卡内积分抵扣（如用500积分）、续保金额在一定费用以上（如续保金额在3000元以上）等方式实现会员资格期限的延长。

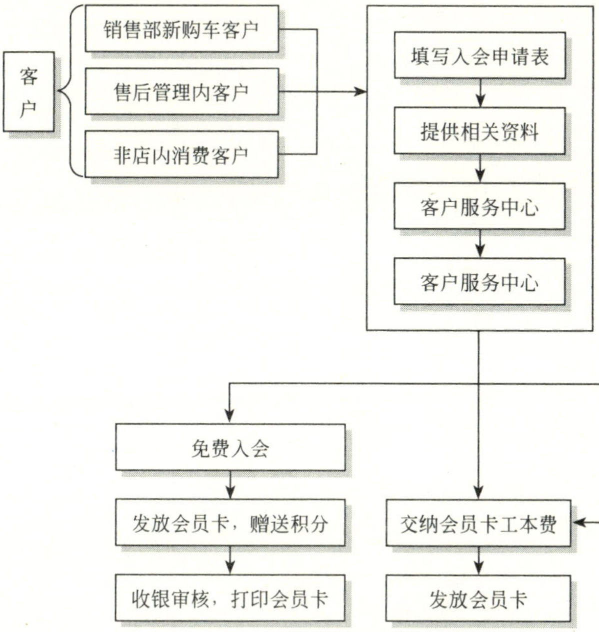

图10-8　会员卡办理流程

6.会员升级

普通会员升级为高级别会员可以采用累计消费积分的方式，当积分达到升级条件时，直接进行升级；或以一定的积分进行抵扣升级为高级别会员；还有入会后有一次正常维修金额在5000元以上等方式来实现会员升级。

六、会员积分计划

积分是为了奖励会员长期、重复、大额的消费行为，是用远期的回报来鼓励客户当前的消费。

1.会员积分管理

汽车会员积分管理方法，如图10-9所示。

会员积分实行累计积分和可兑换积分的双轨积分模式。

（1）累计积分　累计积分不但可以用来升级会员级别，还可用来分析客户忠诚度和贡献度。

（2）可兑换积分　车主会员可用积分兑换代金券或礼品。

2.会员积分换算

根据会员消费类别的不同来确定不同的积分换算比率，如正常维修费用为1元钱兑换积分为1分；或规定保险公司付费的不参与积分。可以根据客户的消费类型规定多种不同的积分换算比率，保证积分换算的灵活性和可配置。会员积分兑换管理步骤，如图10-10所示。

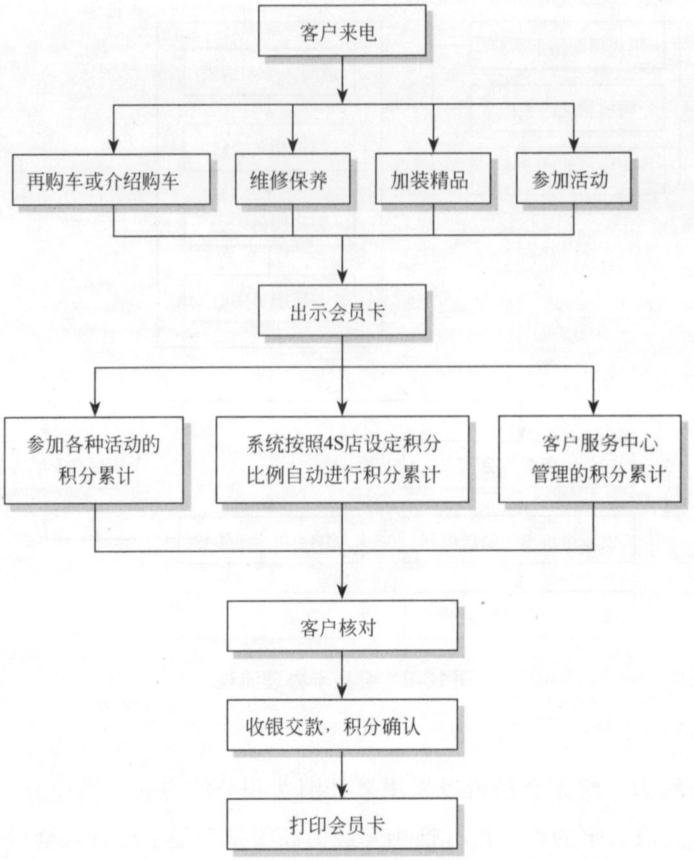

图10-9　会员积分管理方法

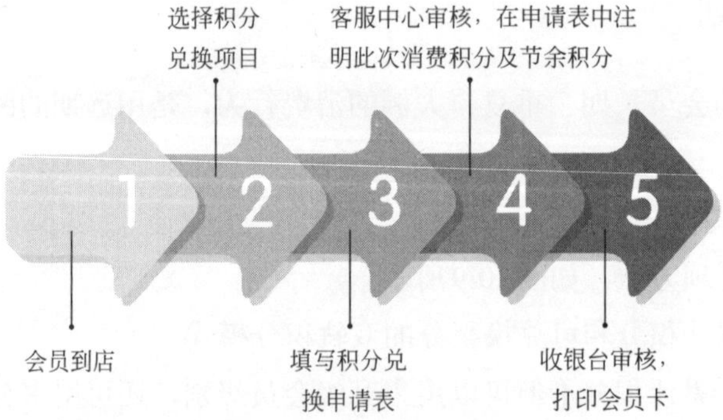

图10-10　会员积分兑换管理步骤

3.会员优惠及礼品兑换

会员入会后按统一规定的服务包为车主提供服务，若车主会员在4S店消费累计积分达到了规定的优惠等级，如累计积分达到1万分享受工时8.5折优惠，当可兑换积分达到5000分可领取手机一部，礼品兑换后相应的可兑换积分会减少。

【范本】××汽车4S店会员卡折扣优惠

服务内容	会员级别			
	标准卡	银卡	金卡	钻石卡
维修工时费	9.5折	9折	8.5折	8折
维修零件费	原价	原价	原价	9.5折
购买精品	9.5折	9折	8.5折	8折
汽车美容项目	9.5折	9折	8.5折	8折
车辆年审	9.5折	9折	8.5折	8折
洗车	500分	500分	免费	免费
拖车拯救	10千米免费	15千米免费	20千米免费	30千米免费
维修保养	优先	优先	绿色通道	绿色通道
代步车使用	无	无	优先	优先
关怀服务	生日贺卡及礼品一份	生日贺卡及礼品一份	生日贺卡及礼品一份	生日贺卡及礼品一份
积分兑奖	享受	享受	享受	享受
介绍购车	赠送10000分/辆	赠送10000分/辆	赠送10000分/辆	赠送10000分/辆
续保积分	赠送1000分/辆	赠送1000分/辆	赠送1000分/辆	赠送1000分/辆
车主联谊活动	优先	优先	优先	优先
会员培训	免费	免费	免费	免费
有效期限	1年	1年	1年	1年

不同汽车4S店所规定的会员积分计划是不一样的，以下是××汽车4S店积分政策和使用规定，仅供参考。

【范本】××汽车4S店积分政策

一、积分获取

1.会员在4S店每消费1元现金，积分1分。

2.每参加一次俱乐部组织的活动，奖励积分500分。

3.会员在汽车4S店续保，其续保金额的1/2可兑换为积分。

4.普卡会员充值金额1000元以上可获相当于充值金额的积分，金卡会员充值金额1600元以上可获相当于充值金额的积分。

5.成功推荐新的购车客户，推荐一人奖励积分3000分，推荐第二人奖励积分4000分，推荐第三人奖励积分5000分，以此类推进行奖励积分。

6.特殊消费的积分标准详见店堂告示。

7.积分达到10000分，普通会员可以升级为金卡会员。

二、积分使用

积分兑换时间：每月20日后。

积分兑换要求：积分大于1000分方可兑换，卡片到期后不足1000分则清零。

积分兑换礼品：每月1～20日公布。

积分的使用可抵充升级/兑换精品，可在俱乐部举办的活动中抵扣部分现金。

【范本】××汽车4S店会员卡积分兑换项目

会员积分/分	奖品设置
500	装饰小公仔
1000	精美台历、香水
2000	CD袋、胎压计
3000	头枕、雨伞、车用指南针
4000	水晶蜡、室内清洁护理、多功能工具箱
5000	打普通蜡、四轮定位
6000	燃油清洁剂、蓝牙耳机、车载电话
7000	真皮座椅清洁护理、水晶蜡
8000	室内清洁、发动机护理
9000	全车研磨打蜡、空调免拆除臭
10000	车载冰箱、车载吸尘器
20000	底盘防锈、封釉
30000	防爆膜
50000	车载DVD、GPS一套

第二节 汽车4S店会员活动策划

一、常见会员活动

通过对会员开展活动，一方面加强客户同汽车4S店的紧密度；另一方面为车主会员提供了一个集娱乐、交朋识友、结识商务伙伴于一体的互动平台。

汽车4S店可以组织会员活动，包括组织同行业会员联谊，组织会员自驾游、组织会员与其他公司联谊，组织单身车友玫瑰之约，组织野餐、烧烤、秋游活动，举办车友迎新春文艺晚会等。

【范本】北京现代××4S店积分换礼品活动开始啦

为感谢新老客户对北京现代××4S店的信赖与支持，值此迎新年之际，特举办会员积分换礼品活动。凡本店会员客户，持卡在店内做维修保养，所产生的费用均可转化为有效积分，参与本次积分换礼品活动。

只要您卡内积分大于500分，就可以带着一份精美礼品回家。时间紧迫，礼品数量有限，赶快开着您的爱车来××4S店行动吧。

一、积分兑换流程

客户持卡到店，在客服部查询积分，兑换礼品时积分在系统进行相应的抵扣。

序号	积分/分	兑换礼品
1	500	玻璃水
2	1000	泡沫清洗剂
3	1500	汽车摆件
4	2000	方向盘套
5	3000	香水座
6	4000	钥匙包
7	5000	头枕一对
8	6000	车载吸尘器
9	7000	车载充电器
10	8000	旅行水壶
11	9000	车衣
12	10000	电热水壶
13	15000	乐扣套装
14	20000	商务拉杆箱

二、活动日期

××月××日至××月××日。

另：保养、维修提前1天预约也可享受会员折扣，机会不容错过，赶快行动起来吧！

我们的预约热线：××××××××。

【范本】"景逸X5侠客行——壮美西南自由征程"活动车主招募

1.活动说明

如果你不出去走走，钢筋水泥的喧嚣就是你全部的世界。

如果你甘于朝九晚五，循规蹈矩的生活就会在你生命里演绎一生。

勇敢地打破常规，走出去，让旅行改变自己，你变了，你的世界才会变。

景逸X5，作为国内首款加大号城市SUV，上市一周年以来，凭借1.8T的强劲动力、宽适的驾乘空间、205毫米的高离地间隙，深受业内人士以及消费者的好评。"心自由，行自由"，一直是其品牌主张，用自由唤醒对旅行的渴望，在旅行中探知世界，发现自己。

景逸X5，"美丽中国任我行第二季之景逸X5侠客行——壮美西南自由征程"自驾活动，是2013年主题活动"美丽中国任我行——重走丝绸之路"的延续。此次活动，将延续第一季"心自由行自由"的理念，通过自驾的方式探求精神层面的自我。

如果你酷爱自驾旅行，如果你也有一颗"仗剑走天涯"的自由之心，欢迎走进景逸X5为你敞开的西南之旅，侠客征程。

2.招募对象

景逸X5会员车主。

3.招募时间

×月××日～××日。

4.线下自驾时间

×月××日～××日。

5.自驾路线

重庆—绵阳—成都—雅安—泸沽湖—丽江—长江第一湾—虎跳峡—香格里拉—丽江—洱海—大理古城—昆明—宜良县—石林—曲靖—晴隆县—贵阳—遵义—娄山关—重庆（实际路线可能根据自驾过程中天气状况、路况等实际情况发生改变）。

6.报名方式

（略）

7.需提供的资料及要求

① 姓名、年龄、联系方式。

② 想去自驾旅行的原因。

③ 参加活动的车主需为年满20周岁及以上的中国公民，持有效中华人民共和国驾驶执照，具有2年以上驾驶经验。

④ 需健康状况良好。

报名所有内容需真实，有优秀写作经验、摄影经验者优先。

8.报名方式

参与者可与"景逸X5侠客行——壮美西南自由征程"活动方进行联系。

联系人：×××

联系电话：×××××××××

二、车主自驾游活动策划

汽车4S店自驾游活动的策划，要确定以下内容。

1.路线选择

① 根据参加车型和会员的驾驶技术，选择线路和景点。

② 尽量避开旅游高峰期，最好以“打时间差”的方式选择在节前或节后去，避开熙熙攘攘的游人，这样才能充分享受到自驾乐趣。

2.制定路书

① 每天详细行程安排。

② 根据详细的交通地图册，选择行驶路线，计算行驶里程。

③ 开车路线（包括途经的地点、里程、道路特点等）。

④ 途经的景点风光简介、食宿安排等。

⑤ 整个行程的费用，包括保险、导游、门票、住宿等。

3.时间安排

在进行时间安排时，一定要预留好机动时间。

① 整体日程安排上，应该本着前紧后松的原则。自驾车旅游过程中，有可能因道路、天气或车辆故障等原因耽搁行程，所以最好不要把行程安排得过满，应留一定的机动时间。

② 即使在路面条件良好的情况下，每天的行程也最好不要超过600千米。

③ 每天早些出发，尽量不要安排赶夜路，以确保行程安全。

4.联谊游戏、活动

① 事先设计一些互动节目，准备一些实用的节目小奖品，将给自驾游增添不少意想不到的乐趣。

② 设计的丰富节目，让车主们在自驾游的过程中，不仅体验到爱车的卓越性能，欣赏到秀丽的自然风景，同时还能增进彼此的了解，结交不少新朋友。

【范本】××汽车4S店自驾游互动节目

活动一：绕杆刺球

1.活动规则

在规定的时间内（事先由工作人员驾驶车辆预测正常行驶所需的时间），参赛者（两人一组）驾驶××汽车绕过路面事先固定的旗杆（8～10个，呈S形排放），并由副驾驶座位的人员将竹竿上捆绑的彩色气球刺破，在规定的时间内刺破气球数量最多者胜出。活动人员需提前报名领号，并按号参加比赛。

2.活动目的

充分展示××汽车的驾驶灵活性及易控性。

3.活动奖励

一等奖1名：价值×××元奖品。

二等奖2名：价值×××元奖品。

三等奖3名：价值×××元奖品。

活动二：高跷抢答

1.活动规则

邀请会员向专业表演者学习踩高跷，并在高跷上抢答“××有奖竞答”，中途从高跷上滑落者将被取消答题资格。共计10题。

2.活动目的

通过“××有奖竞答”，让会员进一步了解××的产品特性和功能特点；借助“踩高跷”的民间习俗，可以给竞答活动增加新意。

3.活动奖励

每答对一道问题者，奖励价值×××元的礼品一份；答对问题者可以继续抢答以后的问题。此外，由观众评选出踩高跷表现最佳的参赛者给予“特别表演奖”，奖品价值×××元。

活动三：水杯快运

1.活动规则

在车队出发前，由工作人员给每位驾驶员发放一个水杯（可专门定制，并在杯上印制××标志），杯内装满水，但不盖杯盖。用绳子将水杯固定在第一排座椅（或最后一排座椅）的椅脚，待到达活动目的地后，由工作人员统一逐辆汽车收集水杯，并标志车辆的号牌，杯中水位高者胜出。在酒会之后统一颁奖（活动规则应在出发前向参加自驾游的人员予以说明）。

2.活动目的

展示××汽车行驶途中的平稳性（可在其他非××车辆上放置同类水杯，最后展示给大家观看留存的水位，应该比××更少，并以此有力说明××汽车的平稳性能）。

3.活动奖励

一等奖1名：价值×××元奖品（或奖金）。

二等奖2名：价值×××元奖品（或奖金）。

三等奖3名：价值×××元奖品（或奖金）。

活动四：装箱比赛（新版）

1.活动规则

由16名客户各自组成4组，每组4人，在规定的时间内往××快运中堆放同等规格的纸箱，比赛结束时，车辆中存放纸箱数量最多的一组获胜。为增加互动的趣味性，可在各队搬运的其中一个箱子里（工作人员可做好记号）事先摆放一个鸡蛋或其他易碎品。如果比赛结束后，装箱最多且易碎品未破的一组胜出。易碎品损坏的一组在成绩中扣除5个箱子。

2.活动目的

突出××快运超大空间的特色。

3.活动奖励

一等奖1组：价值×××元奖品（或奖金）。

二等奖1组：价值×××元奖品（或奖金）。

三等奖2组：价值×××元奖品（或奖金）。

活动五：摄影比赛

1.参赛者

凡参加本次“自驾游”活动的所有人员均可参加。

2.形式

由车主自带相机，自由拍摄，形式不限，内容不限。

3.评奖

返程后统一由市场部负责跟踪、收集（数码相机拍摄的照片须冲印成照片），然后组织评比，分别评出一等奖1名；二等奖2名；三等奖3名。

4.奖金

一等奖：×××元（也可折换成相应的奖品）。

二等奖：×××元（也可折换成相应的奖品）。

三等奖：×××元（也可折换成相应的奖品）。

5.具体行车路线推荐

选择行驶路线的原则是，最好选择高等级公路和国道，这些道路一般都有比较完善的路标和加油站等服务设施，同时最好能避开拥挤道路，这些都有助于避免各种意外情况的发生。

6.活动装备

活动前必须告知所有参加的会员，需要准备哪些装备，俱乐部为大家准备哪些装备，可以让大家有充分的准备。

（1）必须携带的物品装备　必须携带的物品装备如表10-2所示。

表10-2　必须携带的物品装备

类别	说明
衣物	根据行程时间提醒会员，天气会有变化，携带必要的防寒衣物
行车证件	身份证、驾驶证、行驶证、购置税与养路费相关证件
摄影/摄像器材	应注意电池、存储卡、录像带、胶卷是否充足
通用随车维修工具	应付一般换胎等简单紧急维修
手电	参加驾车游，不论是否有夜晚行动，带上手电都应成为一种习惯

（2）为会员配备的装备　汽车4S店应该为会员配备的装备如表10-3所示。

表10-3　为会员配备的装备

类别	说明
对讲机	为每一辆车配备1台对讲机，方便联络及车内聊天
车载GPS	为每个小组配备1台导航系统
车载电源	有了电源，驾车行程中手机充电、看DVD、用计算机等就不用发愁了，“俱乐部”将为每一辆车配备1套车载电源

（3）建议携带的物品设备

① 随身药品　会员根据自己的身体情况携带防晕车、防过敏等的药品。

② 保温杯（桶）　旅途中喝些热水是非常舒服的，建议会员携带不锈钢保温杯（桶），可以泡杯热茶或热咖啡。

7.注意事项

① 必须与所有参加人员签订自驾游安全协议书。

② 出发前提醒会员给车加满油，并且必须检查好车辆的润滑油、助力油、刹车油、冷却液、轮胎气压、备胎、灯光等。

③ 提示会员仔细阅读路书，在车辆依次编号之后，各自熟悉一下前后车辆的颜色和车型。

④ 出发前要安排会员测试对讲机、检查电池，保证行驶过程中对讲机工作状态良好。

⑤ 提前约定会员上路后必须听从组织人员的安排，按编号依次行驶，遵守交通规则，不要随意超越前车，以免发生危险。尽量做到统一行动，若途中有特殊情况，及时与服务车及工作车联系。

⑥ 到达目的地后，组织人员安排会员依次、有序地将车辆停在指定位置，并提醒会员离开车辆时将车门锁好，车内不宜放贵重物品，以免遗失。

⑦ 为保证安全，要提醒会员进入景点时必须跟着导游和团队，以免掉队，做到走路不看景，看景不走路，大景不放过，小景不流连，拍照不要慌，先对身后望。转换景点前组织人员必须清点人数。

⑧ 提醒随行会员，不要随便进入未开发的景区，以免迷失方向。登山不宜背负太多行李。

三、车主课堂培训活动策划

举办车主课堂，旨在通过培训提高车主对本店车辆性能的了解，提高车主对汽车养护的正确理解与正确操作，增进车主之间及车主与4S店的交流沟通。向车主宣传安全常识、使用常识。通过相关活动和知识讲座，从单纯的产品宣传层面向品牌价值过渡，有力地提升品牌在客户群体中的美誉度。

1.确定课程内容

针对新购车客户：简单的汽车构造常识、功能键的操作使用、维修、保养规定及索赔规定、维修保养流程、安全知识、使用常识、日常保养、维护、保险理赔、节油技巧、车主之声。

2.确定培训专家阵容

销售专家、售后专家、保险专家等。

3.报名方式

利用客服系统，以短信或信件方式，通知客户开课时间、地点、课程内容，根据自店情况，确定报名方式。

4.积分奖励

每参加一次车主课堂活动，可获得1000分的奖励积分。

【范本】××汽车4S店汽车自驾游活动方案

一、活动目的

1.进一步树立××品牌形象，向会员全面推荐××汽车。

2.配合新款××汽车的上市，使广大消费者尤其是目标客户及时了解新产品的情况。

3.通过此次活动加深老客户对新款××汽车的印象，提高目标客户对品牌的向心力，从而最终实现提升品牌知名度、促进新款车型销售，扩大××影响力的目的。

4.突破以往新品上市举办新闻发布会的传统信息发布模式，使客户在独到新颖的活动中亲身体验××汽车的高性能、高省油性，达到口碑宣传效果，有力地补充新品推广的广告宣传渠道。

5.夏日结伴出游，将令汽车4S店和相关客户及媒体之间的关系更加亲密，同时，也可以收集到更多、更准确、更真实的市场反馈信息，以利于汽车4S店更好地开展市场推广工作。

6.如果此行效果良好，可不定期地开展这一活动，通过系列活动的方式不断增进汽车4S店与客户之间的感情。具体活动人数可以根据实际情况而定。

二、活动时间

××××年6月下旬（双休日）。

三、活动主题

（略）

四、活动地点

（略）

五、活动对象

1.××汽车4S店所有会员。

2.媒体人员。

六、具体操作

（一）前期准备

（1）前期宣传：在××杂志上进行××新品的前期宣传，预告“××一日游，××伴我行”的活动信息，引起广大受众对此次活动的关注。

（2）由销售部人员联系会员及有购买意象的客户，并说明××汽车自驾游的相关事项。

（3）车辆准备：车主自驾车（是否需要客户加满油需要待定），公司提供免费检测服务。

（4）其他人员驾驶汽车4S店提供的××汽车。路线图分发各客户。

（5）汽车4S店对报名参加自驾游的人员进行筛选、确认，并决定最终来宾名单（参加人员是否可以携带1名同行人员需要待定）。

（二）活动线路

起点：××汽车4S店。

终点：××××。

路线：可根据市场推广需要确定行进路线，考虑到双休日车辆较少，可以适当选择一些繁华地点经过，以扩大××的品牌影响。

（三）活动内容

1.前期准备

（1）8：00所有会员在××汽车4S店集合。

（2）8：00～8：45，工作人员负责对车辆停放位置统一安排，并逐一对参加自驾游的车辆及人员进行登记，相关人员对来宾车辆以及所有参加自驾游的××汽车进行统一装饰，张贴印有活动主题和××标志的车身贴，并对车辆进行编号，在车头及车尾醒目位置张贴号牌。工作人员向每位参加自驾游的人员发放行进路线图和活动注意事项说明。

（3）8：45召开简短的活动说明会（介绍行进路线、注意事项等）。

（4）9：00车队从汽车4S店出发，按计划路线至××（或其他活动地点），车队领队人员及陪驾人员由汽车4S店统一安排。

（5）10：30～11：30，车队需行驶1个小时左右（根据道路交通情况，可能出现延误），有车辆掉队或出现任何意外时，车队将继续前行，由活动服务保障人员负责处理相关事务。所有车辆都按编号行驶，不能私自超车和停车，通过红绿灯路口时，通过和没通过的车辆均必须报告，通过车辆须慢行等待未通过车辆，如有其他事宜，须和总领队随时联系，应保持整个车队队形一致，以安全驾驶为第一原则，同时也可以更好地展示××品牌的整体形象。

2.活动当日

（1）11：30车队到达目的地，进入活动场地，车辆驾驶人员到工作人员处签到，领取资料袋和纪念品，同时报名参加各项游戏，各项游戏将以展板形式在签到台处予以宣传（在发放传统纪念品的同时，也可以考虑发放一些当地的特产等）。

（2）11：50客户进入主会场，汽车4S店领导致辞。

（3）11：55～13：00，午餐（可特意安排一些当地最具特色的农家菜以突出农庄游的别致之处）。

（4）13：00～13：20，客户自由交流、休息。

（5）13：20～15：00，户外互动活动——旅游景点，××竞技场。

（6）13：00～15：30，客户游览当地景点（可根据实际情况选择一两个景点游览）。

（7）16：00活动结束，车队返程。

七、出行注意事项

（1）自备个人生活卫生物品、户外休闲旅行服装、换洗衣物、旅游鞋、棉袜等。

（2）公司配备药品：晕车灵、止泻药、创可贴、感冒药等，其他药品自备。注意行车中不能使用含扑尔敏成分的药品，以免影响安全驾车。

（3）个人自备饮用水、零食、相机等旅游物品和身份证、驾驶证、行驶证、车辆使用税、保险费单等与车及车主有关的证明材料。

（4）自驾车装备：千斤顶、备胎、专用维修工具、易损零配件（一批）、备足油量、车况的安全检查（油路、电路、刹车、底盘、方向盘、冷却液、车灯等）。

（5）所有参与活动者，必须严格遵守有关规定及工作人员安排，注意安全，忌酒后开车和疲劳驾驶，切勿擅自脱离队伍活动，以免发生意外。

第十二章

汽车4S店庆典活动策划

第一节 汽车4S店庆典活动认识

一、庆典活动认识

庆典活动是组织利用自身或社会环境中的有关重大事件、纪念日、节日等所举办的各种仪式、庆祝会和纪念活动的总称，包括节庆活动、纪念活动、典礼仪式和其他活动。

通过庆典活动，可以渲染气氛，强化组织的影响力；可以广交朋友，广结良缘；成功的庆典活动还可能具有较高的新闻价值，从而进一步提高组织的知名度和美誉度。

二、庆典活动的作用

庆典活动的作用可引起三大效应，具体如图11-1所示。

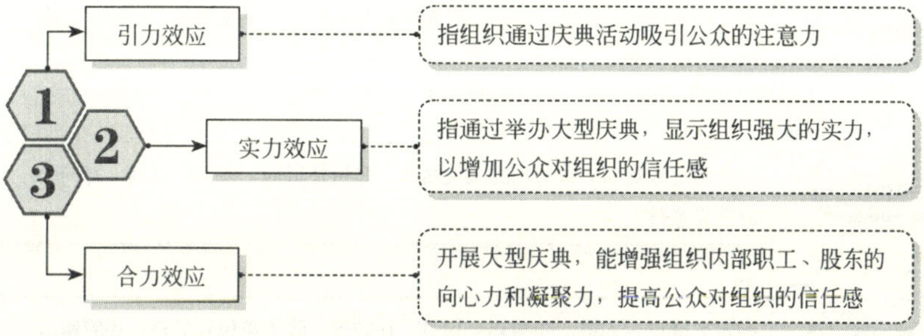

图11-1 庆典活动的作用

三、庆典活动的种类

1. 开业庆典

开业庆典又称开张庆典，主要为商业性活动，小到店面开张，大到酒店、超市、商场等的商务活动。开业庆典不只是一个简单的程序化庆典活动，而是一个经济实体形象广告的第一步。

① 通过开业庆典活动，传递汽车4S店隆重开业的消息，扩大知名度，提高美誉度，树立良好的企业形象，为今后的生存发展创造一个良好的外部环境。

② 进一步加强与当地媒体的互动和交流，为在区域市场的销售和推广营造一个良好的舆论环境，同时扩大在本汽车4S店行业内的知名度。

③ 开业的隆重运作，有利于增加员工对企业的信心，加强企业的凝聚力。

2.周年庆典

一般在汽车4S店周年店庆时，会举办周年庆典活动，以此来提高汽车4S店人流量，最终达到提升销售量的目的。

四、庆典活动注意事项

庆典活动既是社会组织面向社会和公众展现自身的机会，也是对自身的领导和组织能力、社交水平以及文化素养的检验。因此，举办庆典活动时，公共关系人员应做到准备充分，接待热情，头脑冷静，指挥有序。一般来说，庆典活动应注意以下事项，具体如图11-2所示。

- 事项一：确定庆典活动主题，精心策划安排，并进行适当的宣传
- 事项二：拟定出席庆典仪式的宾客名单，一般包括政府要员、社区负责人代表、同行代表、员工代表、公众代表、知名人士、社团
- 事项三：拟定庆典程序，一般为签到、宣布庆典开始、宣布来宾名单、致贺词、致答词、剪彩等
- 事项四：事先确定致贺词、致答词的人员名单，并拟好贺词、答词，贺词、答词都应言简意赅
- 事项五：确定关键仪式人员，如剪彩、揭牌、托牌等；除本单位领导外，还应邀请德高望重的知名人士
- 事项六：安排各项接待事宜，事先确定签到、接待、剪彩、摄影、录像、扩音等有关服务礼仪人员
- 事项七：可在庆典活动中安排节目，如舞龙等；还可邀请来宾题词，以作为纪念
- 事项八：庆典结束后，可组织来宾参观本组织的设施、陈列等，增加宣传的机会
- 事项九：通过座谈、留言形式，广泛征求意见，并综合整理、总结经验

图11-2 庆典活动注意事项

五、庆典活动组织程序

庆典活动具体组织程序如图11-3所示。

程序一 **确定来宾并发放请柬**

来宾组成：知名人士、新闻记者、社区公众代表、客户代表或特殊人物等。总之，来宾要具有一定的代表性。发放请柬要求：请柬提前7～10天发放。对于重要来宾，在请柬发放后，组织者当天应电话致意。庆典前1天的晚上再电话联系确认

程序二 **设计庆典活动程序**

一般程序：主持人宣布开典；介绍来宾；由组织的重要领导或来宾代表讲话；安排参观活动；安排座谈或宴会；邀请重要来宾留言或提字

程序三 **落实致辞人和剪彩**

致辞人和剪彩人分己方和客方。己方为组织最高负责人，客方为德高望重、社会地位较高的知名人士；选择致辞人和剪彩人应征得本人同意

程序四 **编写宣传材料和新闻通讯材料**

列出庆典主题、背景、活动内容等相关材料，将材料装在特制的包装袋内发给来宾。对记者，还应在其材料中添加较详细的资料，以方便记者写作新闻稿件

程序五 **庆典活动的接待工作**

设置接待室。对所有来宾，都应热情接待，耐心服务；对重要来宾，要由组织领导亲自接待；他们的签到、留言、食、宿均应由专人负责

图11-3 庆典活动组织程序

第二节 汽车4S店开业庆典活动策划

一、全程媒体推广

1.广告投放计划

汽车4S店在开业期间，要做好推广工作。以报纸为主，选择最具影响力的报纸媒体或其他汽车、车友、时尚类杂志为辅。通过交通频道广告、网络媒体广告、户外广告及短

信平台进行宣传。

汽车4S店广告投放计划包括总体投放计划及具体各个阶段投放计划。

（1）总体广告投放计划　总体广告投放计划如表11-1所示。

表11-1　总体广告投放计划

内容	时间					媒体投放费用
	开业前期预热阶段	开业阶段	开业后期			
开业投放整体周期	开业前2周	开业期间	开业后3周			
			1周	2周	3周	
LED电子屏						
短信息						
公交车站牌广告						
合计						

（2）开业前期投放计划　开业前期投放计划如表11-2所示。

表11-2　开业前期投放计划

日期	项目	版面	规格	次数	价格	总价
开业前期广告预算总计						

（3）开业期间投放计划　开业期间投放计划如表11-3所示。

表11-3　开业期间投放计划

时间	媒体名称	版面	规格	次数	价格	总价
开业期间费用合计						

（4）开业后期投放计划　开业后期投放计划如表11-4所示。

表11-4　开业后期投放计划

时间	项目	版面	规格	次数	价格	总价
开业后期广告预算总计						

2.媒体公关

汽车4S店市场推广部应携本店所属品牌特色礼品拜访媒体及各个合作单位相关负责人。推广媒介策略详见如表11-5所示。

表11-5　推广媒介策略

序号	媒介	发布优势	报纸选择	发布时间	备注
1	报纸媒体	受众覆盖面广、相对电视媒体价格便宜，信息传播率高	当地最具影响力的报纸	开业前3日起在以上媒体同时投放广告	整版版面
2	户外广告	选择车流量大的路段，信息曝光率较大	开业前3个月	汽车4S店盛大开业	—
3	电台广告	针对性强、信息传播有效性高	当地交通频道	前1个月每日滚动发布	汽车4S店盛大开业，诚邀参加活动（提示礼品赠送）
4	短信广告	受众覆盖面广	—	前1个星期内发布3次	—

二、参与人员规划

整个汽车4S店开业庆典活动中，人是开展所有事务的核心，因此管理者必须做好参与人员规划的工作，如表11-6所示。

表11-6　参与人员规划

类别	详细内容	人数	安排
领导	总部领导（含随从）		
	投资方领导（含随从）		
	网点领导		
贵宾	汽车行业应邀参加来宾		
工作人员	销售顾问		
	服务人员		

续表

类别	详细内容	人数	安排
媒体	主流媒体		
执行公司	传媒公司		
演执人员	舞蹈等表演人员		
	礼仪		
人员共计			
备注			

三、相关人员邀请

1. 客户邀请

汽车4S店开业庆典活动中，一定要邀请相关人士，可以制作一个客户邀请计划表（表11-7），对整个客户邀约过程实现跟踪控制。

表11-7　客户邀请计划

邀约方式	时间	目标人群	负责人	项目进程反馈时间	内容	备注
短信邀约		基盘客户				
短信邀约		不定项客户				
发送邀请函		关键客户、官员			邀请到店参与剪彩和酒会	
电话邀约		潜在客户				
二次电话邀约		潜在客户				

（1）短信　在进行短信邀约时，要注意短信内容编写。

基盘客户：

××汽车4S店开业巨献！×月××日开业当日进店车辆可获赠××元工时抵用券，详询××××××××。

短信群发：

××汽车4S店正式登陆！直营店将于×月××日×时隆重开业。当日订车即可获赠原厂山地车一辆，详询××××××××。

××汽车4S店正式登陆！直营店将于×月××日×时隆重开业。当日订车即可参与“订车送车”活动，详询××××××××。

（2）邀请函　也可以以书面的形式发出邀请函，如表11-8所示。

2. 媒体邀约

要确定邀约媒体的类别、名称、姓名、职务、费用、人次等，并提前进行邀约。媒体邀约计划如表11-9所示。

表 11-8 邀请函

邀请函

尊敬的××先生（女士）：

您好！

首先感谢您在过去的时光里对××汽车4S店的关注和支持！感谢您对我们所有工作的理解和肯定！在此，总经理××携公司全体员工为您送上最真挚的问候和最衷心的祝福！

我公司将于××××年××月××日（星期×、农历××月××日）举行开业庆典，诚挚邀请您的莅临。

时间：

地点：

联系人：

联系电话：

手机：

具体到达时间、出席人数，请予以确认并回复，以便我方安排具体招待事宜。后附回执表一份。

此致！

邀请人：×××

××汽车4S店

××年××月××日

邀请函回执

单位名称：　　　　　　　　　　来访人数：

姓名	职务	到达时间	交通方式	联系电话

是否带车：是□　否□（这个信息有助于安排停车等事宜）。

请务必于××××年××月××日前将此回执传真至××××××××，以便统一安排。

表 11-9 媒体邀约计划

序号	类别	媒体名称	姓名	职务	费用	人次	备注
1	平面媒体						
2							
3							
4							
5							
1	网络						
2							
3							
1	电视台						
2							
3							

续表

序号	类别	媒体名称	姓名	职务	费用	人次	备注
1	电台						
2							
1	其他						
2							
媒体费用合计							

制表日期：　　　　　　　　　　　　　　　　　　　　　制表人：

3.邀约跟踪

邀约，不仅是将邀约短信或邀请函发放出去，更要做好跟踪工作，确保邀约人员到位。客户邀约跟踪表如表11-10所示。

表11-10　客户邀约跟踪表

客户姓名						
联系电话						
意向车型						
贵宾卡号码						
邀约流程	短信邀约					
	电话拜访					
	短信提醒					
	电话确认					
	贵宾卡					
邀约次数	1					
	2					
	3					
邀约结果						
到店人数						
礼品领取						
活动主题						
活动简介						
电话话术						
短信话术						
礼品名称						

四、确定开业庆典的仪式流程

在开业庆典活动策划中，要确定开业庆典仪式流程，可以采用流程图，也可用流程表形式予以表现。

开业庆典仪式流程如图11-4所示。

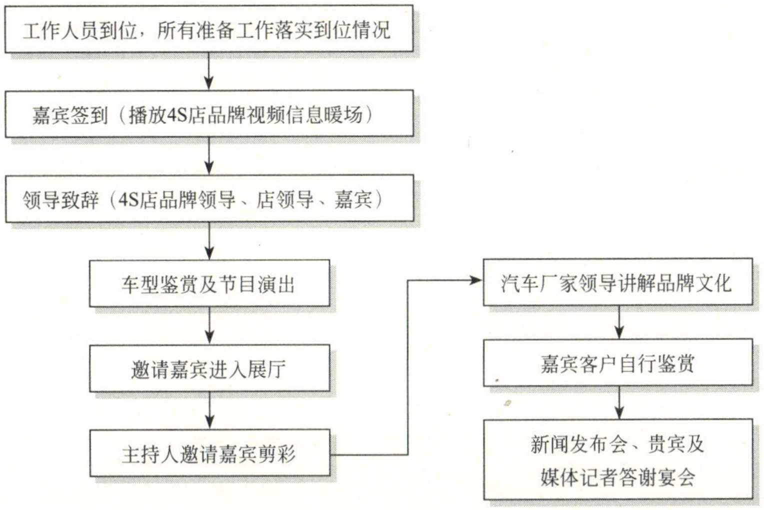

图11-4 开业庆典仪式流程

【范本】××汽车4S店开业庆典活动当日流程

进程	进行时间	项目内容	负责方	备注
开始前环节	8：30～9：50	维持现场情况，引导嘉宾停车		
		再次检查全套活动设备		
迎宾环节	9：30～10：00	奏乐		
		前台接待礼仪人员做好嘉宾登记及产品资料发放工作		
		由前台接待礼仪人员引导嘉宾入座		
	10：15	全体员工在展台左侧前列队		
	10：15～11：00	媒体记者引导进行拍摄，以备活动结束后期宣传		
开业典礼环节	10：15～11：00	开场音乐，主持人出场，引导嘉宾上台 （1）介绍活动背景、主席台上的领导及重要嘉宾 （2）总经理开业致辞 （3）集团领导开业致辞，列队宣誓 （4）主持人宣布××汽车4S店隆重开业 （5）全体嘉宾起立，集团主要领导剪彩 （6）点睛、舞狮队表演		（1）开业方式为剪彩、拉开帷幕、点睛及采青形式进行 （2）渲染音乐贯穿全程，剪彩或揭帷幕时候转为高潮，开礼炮

续表

进程	进行时间	项目内容	负责方	备注
开业典礼环节	11：00～11：20	礼仪及销售经理引领嘉宾们参观展厅		展厅、客户休息区、客户洽谈区、交车区、售后区等区域
	11：00	进入展厅位置给嘉宾发放礼品		
开业餐会环节	11：20	餐会开始，邀请嘉宾及领导边吃边欣赏乐器演奏，促进交流，与各方建立良好的关系		小提琴演奏为主要节目，其他节目视具体情况而定
活动结束	13：00	餐会后结束当天活动		进行清洁工作

五、开业庆典人员工作责任配置

人员配置目的是要确保开业典礼顺利进行，分工明确，责任落实到位，具体内容工作详见表11-11所示。

表11-11　开业庆典人员工作责任配置

项目	工作内容	姓名	电话	备注
活动总指挥	统一调配，指挥全局活动方案审批			
筹备组	活动方案撰写			
	与媒介、庆典代理接触、交流、布置工作			
	现场活动督导、控制			
接待组	政府领导接待人员（包括邀请）			
	当地同行业高层接待人员（包括邀请）			
	当地媒体接待人员（包括邀请）			
后勤组	物料、纪念礼品采购及准备			
	开业餐会的采购及准备			
	保证水、电、卫生、安全等突发事件紧急预案			
安保	维护好现场交通秩序、安保、清洁工作			
	应对突发事件预案			

六、开业庆典活动费用预算

汽车4S店在开业庆典活动策划中，要做好费用预算工作，保证资金到位，做到既不浪费，也不会出现资金不足的情况，可以用表格方式制作开业庆典活动预算，如表11-12所示。

表 11-12 开业庆典活动运作预算

序号	项目	单价（数量）	小计/元
1	主持人（电视台）		
2	邀请函（特殊工艺印刷）		
3	背景板（室外）		
4	舞台		
5	背景喷绘		
6	空飘		
7	拱门		
8	专业摄影师		
9	专业摄像师		
10	音响、话筒		
11	红地毯		
12	彩旗		
13	花篮		
14	礼仪		
15	车模		
16	车模礼服（租用）		
17	冷餐会		
18	托盘、花球		
19	皇家礼炮		
20	礼炮红花球制作		
21	台花		
22	胸花		
23	签到本		
24	签到笔		
25	椅子租用		
26	椅套租用		
27	椅套扎花制作		
28	演讲台		
29	休息室鲜花		
30	金布、钥匙、荣誉证书		
31	车顶花球		
32	嘉宾礼品		
33	遮阳伞		
34	手提袋		

续表

序号	项目	单价（数量）	小计/元
35	内场小提琴		
36	醒狮队		
37	冷焰火		
38	物料总费		
39	执行总费用		
	合计		

七、现场危机预防管理

1.现场电力资源保障

活动期间需要有效避免停电带来的诸多麻烦。因此为避免突发事件，保证活动进程万无一失，可以事先准备备用电缆或备用电源（发电机），提前检查场地线路，保证线路输入正常，在活动期间安排专业电工待命，处理突发电源问题。

2.天气问题

① 准备适量雨伞、雨伞套等，消除因下雨给来宾带来的不便。

② 准备适量大型遮阳伞，以防下雨使签到、停车接待工作带来不便。

3.秩序问题

① 在活动前与当地派出所进行充分沟通，随时处理突发治安事件。

② 增加保安力量，维持现场秩序。

4.现场气氛调动

在场下安排2～4名现场气氛调动人员。

5.活动进程的物资保证

由专人负责对现场物资进行妥善处理并及时补给，安排2～4名物资管理人员。

6.获奖来宾中途离开

如果获奖来宾有中途离开活动现场的情况发生，应确定离开事由，安排现场工作人员代为领取，如果已离去则重新抽取幸运客户。

7.现场秩序

活动开始后结束签到，留1名签到人员值守善后，入口处安排4名保安维护进出秩序。

【范本】××汽车4S店开业庆典策划方案

一、活动概述

（略）

二、活动目的

（略）

三、活动主题

（略）

四、活动内容

活动时间：×月××日。

活动地点：××汽车4S店。

活动人数：100人左右（待定）。

与会嘉宾：领导/嘉宾/媒体朋友等。

现场布置：以××汽车的××为主题布置，突出××形象，使××品牌深入人心。

（一）前期准备工作

1.活动策划方案最终确定、费用预算审定（活动前3个星期完成）。

2.现场布置效果图确定。

3.主要参加庆典活动的人员名单确定，并发出邀请函，外地嘉宾要安排住宿（活动前2个星期完成）。

4.前期活动媒体宣传，店头物料布置（开业前1个月开始计划执行）。

5.庆典活动纪念礼品准备（活动前3个星期要确定）。

6.到店嘉宾的接待，现场区域人员安排。

7.午宴地点、人数、菜单（活动前一个星期确定菜单，活动当天确定人数）。

（二）活动前工作准备与当天准备

1.舞台搭建、展厅室内布置及户外布置。

2.当天早上7点前开始完善庆典活动现场的布置。舞台、音响要再次调试；确认工作人员、活动人员的服装和人数；乐队简单排练，准备就绪。确认负责管理展厅各区域人员是否在位。

（三）媒体计划

活动现场媒体邀约：××日报、××晚报、××电视台、××电台。后期媒体宣传与活动：为加快旗舰店宣传推广工作，尽快吸引客户到店看车、试驾、购车等，借开业庆典契机，分别在××晚报、××电台、短信平台进行宣传。

（四）活动流程

6：00　所有公司内部人员及工作人员到达现场，做最后检查。

7：00　所有安保人员到位。

7：30　礼仪小姐、车模、演职人员到场准备完毕。

7：45　主持人、记者到场。

8：30　乐队开始表演，礼仪小姐全部就位，迎接来宾。

8：30　车模就位。

8：45　嘉宾陆续到场，乐队、礼仪小姐迎宾，并协助佩戴胸花、引导等工作。

9：00　来宾基本到场，随意参观。

9：18　主持人宣布仪式开始并邀请市领导讲话。

9：25　××公司领导讲话。

9：30　××汽车4S店领导讲话。

9：38　由领导和嘉宾一同为新车揭幕，鼓乐齐鸣，燃放礼炮，放飞气球。

9：40　由××汽车4S店领导引领嘉宾参观并介绍4S店。

10：00　由××汽车4S店领导宣布全城巡游活动车队出发。

（五）活动现场布置明细

（略）

五、活动推广宣传及费用

（略）

六、活动执行费用预算

（略）

第三节　周年庆典活动策划

周年庆典活动策划与开业庆典相关流程没有太大区别，因此在这里不再赘述。本节主要列举汽车4S店周年庆典活动案例，作为参考。

【范本】辉煌四周年携手共回馈——庆××汽车4S店开业六周年

活动一：

主题：快乐的开始。

时间：9月22日，上午10点。

地点：××店内。

内容：感恩节前夕，为答谢众多老客户对××汽车4S店的支持，我们将联合宣誓，“微笑服务统一、快乐形象统一、礼貌用语统一、会员待遇统一”，届时会邀请媒体及客户代表见证快乐的开始。另外，公布“辉煌六周年，携手共回馈——庆××店开业六周年”活动内容。

形式：宣誓仪式+交流会。

一、宣传推进

<table>
<tr><th>日期</th><th colspan="2">报纸</th><th colspan="2">网络</th><th>电台</th></tr>
<tr><td>9月20日</td><td>—</td><td>软文报道“快乐的开始”，告知将开始什么</td><td rowspan="2">店头工作人员与客户的快乐镜头</td><td rowspan="2">“快乐的开始”活动告知及邀请</td><td rowspan="2">“快乐的开始”活动告知及邀请</td></tr>
<tr><td>9月21日</td><td>配合“游你油我”活动开展</td><td>继续软文告知“快乐的开始”活动内容</td></tr>
<tr><td>9月22日</td><td colspan="4">快乐的开始！</td><td></td></tr>
<tr><td>9月24日</td><td>配合“游你油我”活动开展</td><td rowspan="3">软文报道活动开展的情况，预告30日活动</td><td rowspan="3">活动开展的照片</td><td rowspan="3">预告30日活动</td><td rowspan="2">告知活动内容</td></tr>
<tr><td>9月25日</td><td>—</td></tr>
<tr><td>9月26日</td><td>配合“游你油我”活动开展</td><td>公告30日活动</td></tr>
</table>

二、活动推进表

<table>
<tr><th colspan="2">时间</th><th>事宜</th><th>项目</th><th>数量</th><th>预算</th></tr>
<tr><td colspan="2" rowspan="2">9月20日</td><td>邀约客户</td><td>礼品</td><td>50个</td><td></td></tr>
<tr><td>邀约媒体</td><td>礼金</td><td>10家</td><td></td></tr>
<tr><td colspan="2">9月21日</td><td>现场物料准备</td><td>横幅、空飘条幅、背景布置、礼品、食品……</td><td></td><td></td></tr>
<tr><td rowspan="8">9月22日</td><td>9：30之前</td><td>现场布置</td><td></td><td></td><td></td></tr>
<tr><td>9：30～10：00</td><td>接待嘉宾</td><td></td><td></td><td></td></tr>
<tr><td>10：00～10：10</td><td>总经理致辞</td><td>特约店可以提供的服务</td><td></td><td></td></tr>
<tr><td>10：10～10：20</td><td>用户代表发言</td><td>客户所想的服务</td><td></td><td></td></tr>
<tr><td>10：20～10：30</td><td>宣誓</td><td></td><td></td><td></td></tr>
<tr><td>10：30～10：40</td><td>仪式</td><td>总经理与客户代表一起启动快乐的开始</td><td></td><td></td></tr>
<tr><td>10：40～11：00</td><td>交流会</td><td>服务理念的交流</td><td></td><td></td></tr>
<tr><td>11：00以后</td><td>结束</td><td></td><td></td><td></td></tr>
</table>

活动二：

主题：总经理现场签售日。

时间：9月30日，9～17点。

地点：××汽车4S店内。

内容：凡当天凭总经理签字，购车可享受总经理特批价。

形式：交流会签售。

一、宣传推进

<table>
<tr><th>活动预算</th><th>日期</th><th colspan="2">报纸</th><th colspan="2">网络</th><th>电台</th></tr>
<tr><td rowspan="6">不间断系列性报道</td><td>9月27日</td><td colspan="2">软文报道××店总经理将现场签售</td><td rowspan="2">总经理访问报道及照片</td><td rowspan="2">活动内容告知</td><td rowspan="2">活动内容时间告知</td></tr>
<tr><td>9月28日</td><td colspan="2">继续软文告知“签售”活动内容及总经理采购</td></tr>
<tr><td>9月29日</td><td colspan="2">短信告之意向客户</td><td></td><td></td><td></td></tr>
<tr><td>9月30日</td><td colspan="2">总经理签售日</td><td></td><td></td><td></td></tr>
<tr><td>10月2日</td><td>软文报道签售日当天情况</td><td rowspan="2">继续告知6日和7日汽车庙会信息</td><td rowspan="2">图片报道签售日当天情况及销售额</td><td rowspan="2">6日和7日汽车庙会信息告知</td><td rowspan="2">公告6日和7日活动</td></tr>
<tr><td>10月3日</td><td>软文报道签售日当天情况</td></tr>
</table>

二、活动推进表

<table>
<tr><th colspan="2">时间</th><th>事宜</th><th>项目</th><th>数量</th><th>预算</th></tr>
<tr><td colspan="2" rowspan="2">9月24～28日</td><td>邀约客户</td><td>礼品</td><td>40个</td><td></td></tr>
<tr><td>短信通知客户</td><td></td><td></td><td></td></tr>
<tr><td colspan="2">9月29日</td><td>现场物料准备</td><td>宣传海报、食品</td><td></td><td></td></tr>
<tr><td rowspan="3">时间</td><td>9：00～11：30</td><td>接待客户</td><td>洽谈</td><td></td><td></td></tr>
<tr><td>11：30～13：00</td><td>午休</td><td></td><td></td><td></td></tr>
<tr><td>13：00～17：20</td><td>接待客户</td><td>洽谈</td><td></td><td></td></tr>
</table>

活动三：

主题：汽车庙会不见不散。

时间：10月6日和7日。

地点：××展览中心。

内容：通过专业的汽车展示，展现品牌文化，更好地推广“游你油我”活动。

形式：汽车文化完美展现买车、换车汇聚一堂，益趣挑战，有奖互动。

宣传推进：（略）

活动四：

主题：快乐送到家。

时间10月13日和14日。

地点：××小区。

内容：联系××地区消费层次和产品相对应的小区，开展社区免费咨询、快乐送到家活动，借助品牌推广做新车展示销售。

形式：车辆免费咨询，新车展示。

费用预计：（略）

第十三章

汽车4S店厂家活动策划

第一节 汽车4S店厂家活动认识

一、厂家活动的定义

汽车4S店作为某个汽车厂家在某个区域内的指定经销商，需要配合汽车进行相关活动推广，如新车上市、假日促销、车友活动的组织等。总之，汽车4S店是汽车品牌在该地区的代表，必须做好“代言”作用。

二、汽车4S店与厂家活动关系

汽车4S店在提升汽车品牌和汽车厂家形象上的优势是显而易见的。因此，如果厂家有活动，汽车4S店必须做好相关配合工作，塑造良好的品牌形象。

【范本】××月11日举办第九代索纳塔新车上市会

××月11日，××市北京现代××4S店即将举办第九代索纳塔上市发布会，同时举办北京现代全系车型团购会，只要您当天订车就能尊享团购最低价，只限活动当天。

进店有礼——凡是进店客户即可获取精美礼品一份。

有奖问答有礼——在活动中，我们会提出5个问题，问题回答全部正确的客户即可获得礼品一份。

幸运有礼——在活动中，我们会在进店客户中随机抽取5名幸运观众，送出礼品一份。

时尚的演出、精美的礼品、超值的优惠政策，我们在××月11日恭迎您的光临。

咨询热线：××××××××。

地址：××区××汽贸城北京现代4S店。

【范本】聚焦五一全民点赞——吉利GX7新车上市会

吉利××汽车4S旗舰店5月1日邀您相聚国际会展中心汽车博览会，吉利GX7新车荣耀上市，千万别错过！有惊喜？当然有！有大奖？当然有！有优惠？当然也有！如果您不想错过，那就来吉利汽车展位赏车，全城“底”价，全民疯抢。

车展期间，吉利老客户凭行驶证可领取价值270元的精品券一张，并且老客户介绍新客户成功购买汽车将赠送保养一次！聚焦五一，全面点赞行动开始了，关注吉利××4S旗舰店公众微信平台，转发本次活动至朋友圈集赞30个送精美杯子一个，集赞50个更送汽车香水一瓶，还有二手车置换活动，旧车最高可8折置换吉利指定车型，让您马上有新车！

吉利汽车××4S店是××市唯一吉利官方授权的4S店，我们秉着“品质服务赢未来”的宗旨赢得了无数广大消费者的支持与喜爱，只要你想买车，诚意有多大，我们的优惠就有多大，一切只为您着想，满足您的购车梦！订详情请关注吉利汽车××4S店微信平台或咨询吉利汽车××4S店销售热线：××××××××。

活动时间：5月1～3日。

活动地点：国际会展中心吉利汽车展位。

第二节 新车上市推广活动策划

开展新车上市活动，可以增加新车型，扩充产品线，获得更多销售量；增加更多潜在客户，获得更多销售机会；提升老客户及潜在客户的关注度；扩大品牌、产品、汽车4S店的市场影响力；吸引竞争对手的客户，影响竞争对手。

一、前期准备工作

汽车4S店在新车上市前1个月内，需要做好前期准备工作，具体如图12-1所示。

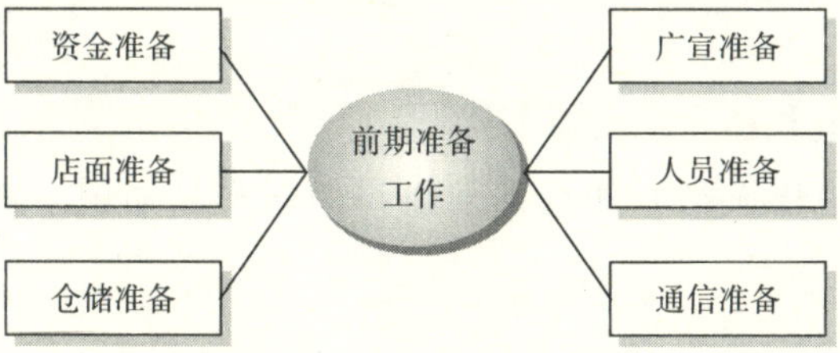

图12-1 前期准备工作

1.资金准备

车款：足够的车源可以加大销售量。

备件款：新车需要备有较多备件。

精品款：精品的利润空间很大，可以提前准备。

2.店面准备

① 新车型上市前1个月，厂家未发布相关宣传物料制作与展厅布置的通知之前，汽车4S店可自己制作海报、易拉宝、店头横幅等，预先宣传。

② 做好店内新车型主展厅和门头的布置准备，并保证展厅内大客流量的参观空间。

③ 根据厂家下发的关于物料制作的标准、宣传物料标准版式的通知，在规定的时间内安排好相关物料的制作。

④ 根据厂家下发的关于店面布置标准的通知做好店面布置，在规定的时间内将布置好的店面、照片反馈至销售部督导处、区域经理和品牌部负责人。

3.仓储准备

新车型库房准备。仓库空间及货架准备：备件、精品、广告宣传物料。

4.广宣准备

提前1个月规划新车型上市的推广活动方案，至少每周1次，把握促销时机。厂家宣传物料准备，由品牌部负责进行制作。汽车4S店专用物料准备，如汽车4S店专用车贴等，为各类宣传活动（如巡展、移动4S）做准备等。

5.人员准备

在新车型即将上市之前，开新车型动员会，以激励人员提前进入新车型上市前期准备状态，积极应对新车型上市。

① 如果汽车4S店的人员较多，可以进行分组，任命新的产品经理，以促进销售。

② 激励体制准备：制定新产品上市期间人员激励体制。

③ 如果汽车4S店人员较少，无法分组，建议用以下方式促销新车型。

a.销售顾问薪酬：加大新车提成。

b.销售顾问任务量：加大新车型的任务量，对新车型上市初期1～2月内，可将新车型制定最低人均任务量，同以往其他车型任务进行捆绑，新车型最低任务未完成，则适当扣减其他车型提车。

c.捆绑型销售。每月销售顾问需卖到规定的新车型数量，才可以拿到所卖车型的提成。

d.鼓励单个销售顾问积极主动卖新车型。

④ 销售类培训：销售人员参加培训部组织的新产品知识、销售技巧、竞品等相关培训。

6.通信准备

① 新车型上市前1个月，通过短信或者电话通知意向和现有客户关于新车型上市的相关信息。

② 确保足够、专业的互联网客户服务人员、电话销售人员到位，并制定新车型上市相关工作人员的工作规范和制度，要求所有客户服务人员、销售人员保持手机24小时开机。

③ 进行工作宣传辅导工作，明确互联网客户服务人员、电话销售人员的职责分工，

并对其进行客户服务礼仪和电话洽谈技巧的培训。

④ 确保足够、高质量的通信设施准备到位。

a. 建议安装智能销售热线电话，一部电话同时设定几条分线，为避免占线，该电话只允许接听，不允许拨打。销售热线设定转接功能，如果客户下班期间打入销售热线，可直接转接到指定客服人员的手机上。

b. 建议购置安装互联网呼叫中心软件，该软件功效在于：客户拨打该咨询电话之后，便会有电话语音提示，该软件自动将拨入的电话显示到互联网上，指定专职工作人员针对显示到互联网上的电话进行回访。

c. 建议购置安装中继线，该电话线路可以容纳8个电话同时拨打进来，指定专职工作人员分别接听电话。

二、预热期工作

新车型上市前15天为预热期，汽车4S店要做好预热期工作。

1. 广宣预热

海量广告宣传能够扩大上市氛围，吸引更多客户目光，提高品牌知名度，最终实现销量提升。厂家通过大型媒体来发布信息，给新车型做广告是让消费者购买新车型，而汽车4S店要让消费者知道去哪里买新车型。

（1）广告宣传　效果最明显的宣传方式，每周1次，可以加强宣传力度。

（2）软文宣传　由公关部提供宣传软文后大力宣传。

（3）活动宣传

① 前期通过举办活动提高汽车4S店出售新车型的宣传，例如“价格预猜”。

② 增加提醒：任何巡游、巡展、移动4S、商超展示等外拓活动现场，添加新车即将上市的预热信息。

③ 配合厂家在上市日起将相关户外信息更改为新产品画面。

2. 人员预热

充分消化厂家的销售类、售后技术类、服务类培训并通过相应的考核。强化销售人员新车型的产品知识、话术、竞品等相关培训，为后期客户的询问做好充分准备。

三、上市前期相关工作

新车型上市前1周内，汽车4S店要做好相关准备工作。

1. 上市活动前期准备

（1）上市日期的选择　如果当地有车展，最好是在车展上市，或者选择在节假日上市，可以提高宣传效果。

（2）上市的前期准备　上市的前期准备，具体如表12-1所示。

表12-1 上市的前期准备

项目	执行要求	责任人
媒体邀约	邀请当地媒体（包括平面、电视、电台、网络）负责新闻的栏目负责人，确保发稿质量	汽车4S店老总或策划人员
嘉宾邀请	邀请当地重要人士及行业领导，增加影响力	汽车4S店老总
新闻通稿	在活动1周前准备好	公关部写作组提供
消息发布，意向客户、保有客户邀约	销售人员各自通过短信、电话、当面等形式，邀约各自负责的订车客户、老客户和意向客户	各销售人员
上市地点	地点选择当地商业圈大型商场或汽车4S店店，并邀请媒体到场	汽车4S店品牌经理
活动现场布置	包括物料准备（如横幅、背景、舞台、音像、媒体座位等）	汽车4S店品牌经理
活动后勤车辆	媒体接送车辆以及后勤车辆	汽车4S店品牌经理或专人
主持人准备	邀请电台、电视台或专业主持人	汽车4S店品牌经理
发言车主	邀约形象好、有代表性、忠实待交车的车主	汽车4S店品牌经理
媒体发言代表	如果设有媒体提问或者发言环节，尽量事前安排关系好、语言能力强、对本品牌较了解的媒体记者	汽车4S店品牌经理
休息室的布置	嘉宾、记者休息处（包括招待烟、打火机、烟灰缸、矿泉水、茶水、服务生）	汽车4S店品牌经理

注：1.整个活动穿插趣味节目，互动活动以吸引人气。

2.专人负责安排好媒体现场座位，做好媒体接待工作。

3.销售人员到位安排活动场外试驾活动，发放产品数据，接待看车客户。

4.现场拍摄照片。

5.应对突访记者（送精美礼品/企业资料）。

2.车辆准备

车辆的PDI检查，展厅的车辆需保持清洁，并按店面要求布置展车，准备试乘试驾车辆并进行PDI检查。

3.现场准备

（1）活动场地选择

① 根据新车型的特色营造适合的氛围。

② 活动场地需要经过实地勘测后方能确定，活动前5天开始着手准备搭建准备工作。

③ 上市活动也可以选择在汽车4S店店内开展。

（2）活动物料明细

① 上市用车　一辆用于静态展示，两辆用于媒体试驾。

② 舞台搭建　背景板、X展架、休息椅、迎宾指示牌、签到用品、灯光、音响。

③ 宣传材料　数量根据当地媒体情况而定。

④ 后勤物料　酒水、饮料、水果、点心、纸巾、服装。

⑤ 礼品　建议采用厂家精品部制作的印有厂家商标的礼品。

（3）活动媒体邀请　邀约媒体主要为当地主流平面媒体，当地电视台社会新闻类节目和汽车类节目，或以新浪、搜狐、汽车之家等全国性网站为主。

① 要让被邀约的人员知道流程安排。

② 邀约要进行确认，并让邀约人员知道有礼品奉送。主办方要预估人员，准备数量相当的礼品。

③ 邀约方式通过发邀请函和电话确认方式，活动前发短信最终确认活动时间和地点。

（4）活动前期培训

① 人员：培训应包括所有参与的工作人员。

② 时间：上市前3天应结束培训。

③ 内容：应以工作流程、分工、职责以及服务规范为重点。

④ 针对新车型上市的相关话术培训。

（5）活动信息发布

① 厂家配合公关部，活动前1周向媒体发邀请函，并进行电话邀约。前3天请相关媒体进行预热宣传，并在上市活动结束后进行集中报道。

② 有条件的汽车4S店也可以在巡展前对活动进行线上宣传，比如利用报纸、软文、微信、网络和广播等方式进行宣传与告知。

4.物料准备

① 礼品准备：提前准备充裕礼品为销售带来更多利润。

② 备件准备：常用件和易损件备齐，检查备件的状态，新车型备件货架设置的熟悉。

③ 设备准备：预留新车型维修工位，保证所需设备与工具的正常运转与使用，设备与工具的全面检修。

④ 新车准备：保证销售车辆和巡展车辆、宣传车辆的供给。

⑤ 上市现场需要准备的物料，具体如表12-2所示。

表12-2 上市现场需要准备物料

序号	名称	序号	名称
1	地毯	15	刀旗
2	模特服装	16	横幅
3	礼炮	17	互动小礼品
4	音响	18	气球
5	易拉宝	19	上市现场横幅
6	背景板喷绘	20	店面横幅
7	舞台搭建	21	发布会现场媒体座椅
8	交车车主红花	22	揭幕用幕布
9	签到册	23	招待烟
10	签到笔	24	打火机
11	礼仪	25	烟灰缸
12	新品资料	26	企业资料袋
13	交车用钥匙	27	礼品
14	胸花	28	

5. 集客准备

通过微信、QQ、电话、DM（直邮）、横幅等方式，把新产品即将上市的消息发布给老客户、前期来店（来电）登记用户及本区域内的潜在目标客户群体，并邀约他们上市后来店参观及试乘试驾，新车型上市前1～2天确定要来用户名单。采用包含且不限于如下方式做到最大化的告知。

① 微信通知。

② QQ通知。

③ 电话告知——必做。

④ 汽车4S店在当地主流网络论坛进行发帖及跟帖或者发软文，此项工作的监控由区域经理及网络组来负责。

⑤ DM。

6. 库存建立

① 在上市前1周必须准备充分的车源，以满足客户需求。

② 如果是新车型，还需准备充足的礼品、备件，如果是改款车，则可以准备少量的礼品、备件。

7. 人员准备

① 上市前1周，调集所有人员，确保上市当天人员最优分配。上市前1天开动员会，布置工作，调动好全体人员的积极性，并做好明确的人员分工。

② 提前准备好主持人现场串词，并要求进行彩排，以确保上市当日不出错及有效地煽动现场氛围。

③ 销售人员复习新车型的产品知识、话术、竞品等相关资料，重点培训订单的收集技巧。

④ 建立危机管控小组，防止各种突发事件。

8. 动员会

在上市前1天，由区域经理组织汽车4S店所有人员召开动员会，为第2天上市活动做好准备工作和做战前动员，提高大家士气。

① 需要提前对模特和其他邀请的演艺人员进行简单培训。

② 对销售人员交代好各自的工作，建立工作监控联系表，人手一份，让每个人都清楚自己的职责，预防突发事件找不到可以负责的人，整体防控，做到滴水不漏，为第2天上市有序进行做好准备。

③ 对第2天的流程进行再次确认，确保上市活动准确无误。

④ 对前期的重点工作进行检查、确认。

⑤ 祝第2天上市成功。

【范本】××汽车4S店“××××”杯活动策划案

一、活动目的

继续营造××赛车运动和××产品在市场上的高热度。通过为消费者带来更多的精彩活动以传递“活得精彩”的品牌主张。提升消费者对于产品和品牌的忠诚度。帮助××汽车4S店与车主及潜在消费者之间保持更为紧密及更有吸引力的关系。为改款车型的上市及销售造势。扩大××产品的热卖，并由此拉动其他产品的销售业绩。

二、活动流程及时间

活动流程及时间，如下图所示。

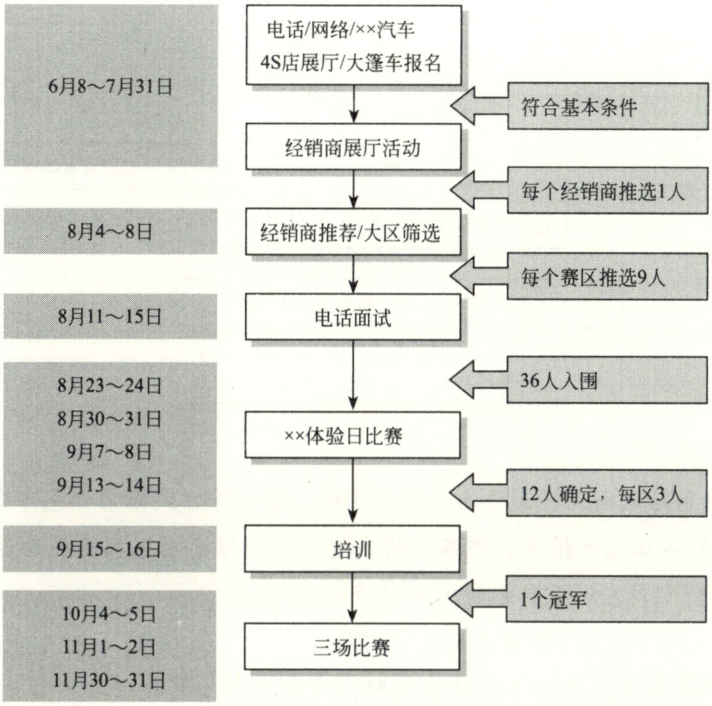

三、整体行程

整体行程，如下表所示。

	招聘		选拔			赛事	
5月	6月	7月	8月	9月	10月	11月	12月
报名　6月8日～7月31日							
经销商推荐/大区评选　8月4～8日							
入围入选电话面试　8月11～15日							
××体验日　8月23日～9月14日							
12名确认选培训（待定）9月15～16日							
3场比赛/总冠军　10月4日～11月31日							

四、活动执行流程

活动执行流程，如下图所示。

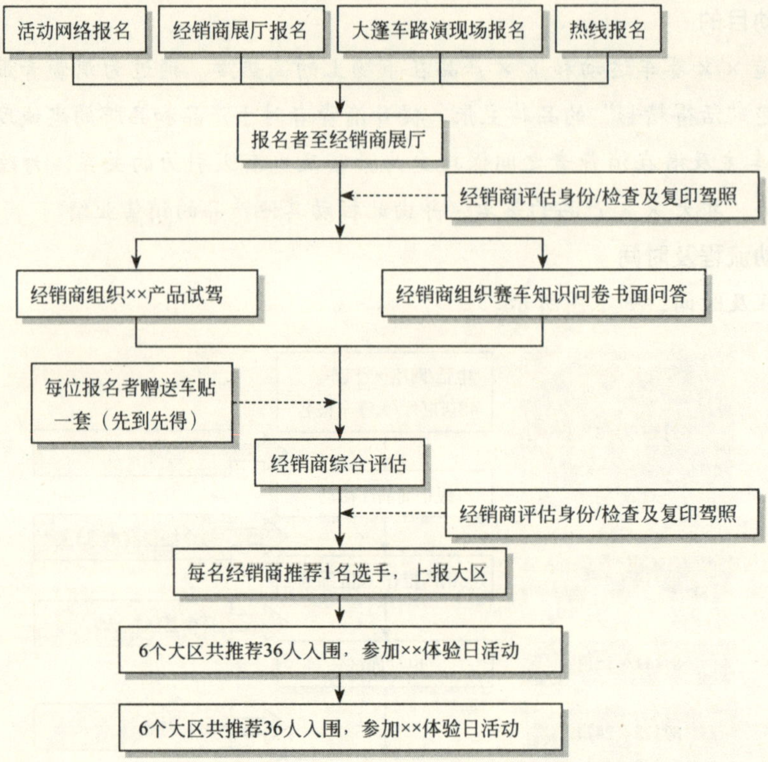

五、报名阶段

报名者可通过活动网站、大篷车路演、热线、微信等方式报名，也可自行就近选择至本城市××汽车4S店铺来报名，报名者将在电话核对信息后根据自己的选择，将个人信息在3～5个工作日内发送至具体的××汽车4S店。

（一）汽车4S店评估身份/检查及复印驾照

1.符合报名条件：22岁以上，持有驾照，男女不限；驾驶经验丰富；1年内无全/主责交通事故；身体健康，思维敏捷；对赛车运动有强烈的热情和基本的知识。

2.汽车4S店仔细审核报名者的驾照，复印以备用。

3.汽车4S店展厅使用总部统一设计的报名表用于报名者的信息填写。

4.汽车4S店使用厂家统一制作的表格汇总在汽车4S店展厅参加活动人员的数据，并每周定期回传至厂家。

（二）汽车4S店组织××产品试驾

针对已经报名且符合报名资格的来宾，汽车4S店使用展厅现有××产品试驾车来组织来宾进行短途试驾。

试驾道路选择：展厅附近对于交通流量较小的道路，路线中应在行车安全的前提下，尽量安排一些连续弯道或弯角比较大的弯道，供客户充分体验车辆的安全精准的驾驭性能。

客户在进行试驾时，每辆车必须安排一名销售顾问陪同试驾，建议陪同人员坐在副驾驶位置，为试驾客户给予介绍和指导。

试驾人员同时对参加试驾的客户做出驾驶技能的评估，评估表格由市场部赛车团队统一发放，××汽车4S店根据评估表所列标准对试驾者评分，分数作为赛车手推荐的依据之一。

（三）汽车4S店使用赛车知识问卷组织书面问答

参加完××产品试驾的客户会被邀请参加赛车知识问卷问答，问卷由专业的试驾公司设计，汽车4S店根据先期提供的答案对已提交的问卷进行评分，分数作为赛车手推荐的依据之一。

参加完××产品试驾及赛车知识问卷填写的客户将会获赠“×××杯”车贴一套，每家汽车4S店店铺数量有限，先到先得。

六、推荐评选阶段

（一）汽车4S店综合评估/推荐

汽车4S店制作人员推荐表，每个汽车4S店限推荐一名，被推荐人员提供个人电子格式生活照一张。

（二）汽车4S店推荐标准

汽车4S店推荐标准包括以下内容

（1）驾驶技能评估和赛车知识问答中总得分最高，并结合汽车4S店的综合测评和考量。

（2）有时间参加下阶段赛事。

（3）符合活动及“活得精彩”品牌的年轻、时尚、活力、富于冒险精神的形象要求。

七、电话面试

1.总部根据赛车团队转交的名单，对名单上36名正选和12名候补人员进行电话面试。

2.面试内容为各项个人信息确认及综合素质评估，具体内容由总部负责发放。

3. 12人候补名单由大区制定，如入围名单中出现不合格者，原则上在其所在大区候补名单内替换，替换由各大区及市场部赛车团队决定。

电话面试后，根据评估，由各大区和市场部赛车团队确定36名入围选手。

八、××体验日活动

在全国场地锦标赛的四个专业赛车场，划分成四个赛区，就近安排各大区的36名入围者进行1天的“××××杯”体验日活动。

详细时间及地点可能根据具体情况有所调整，36位入围者至赛场的往返交通、住宿、餐饮由市场部赛车团队统一负担。

九、12名赛手培训

培训12名确认赛手使其适应赛道，并获得进入标准赛道竞赛的认证执照。12位赛手至赛场的往返交通、住宿、餐饮由市场部赛车团队统一负担。

十、“××××杯”比赛

所有的选手将会参加3轮比赛，最终将根据针对3轮比赛的综合评估产生1名冠军。

每组选手先接受1天的培训，再进行正式比赛。所有的选手将会得到1套赛车制服。12位选手至赛场的往返交通、住宿、餐饮由市场部赛车团队统一负担。

12位选手在3场“××××杯”比赛结束后将根据成绩分出分站赛的冠军、亚军、季军及赛事总冠军、亚军、季军。

【范本】××汽车4S店新车上市活动方案

一、活动目的

(1) 突出××品牌汽车的独有特点，提升品牌形象。

(2) 强化××汽车在受众心目中的知名度和美誉感。

(3) 体现××汽车的国际化风格，营造现场气氛。

(4) 介绍××品牌及产品特色，形成与竞争对手的差异化营销。

二、活动主题

商务风范 尽显尊崇——××汽车新车上市发布会。

三、活动构成

新车亮相/精彩演出/现场交流。

四、活动时间

(略)

五、活动场地

(略)

六、参加人员

客户、媒体记者、4S店领导及员工。

七、活动流程

活动流程如下图所示。

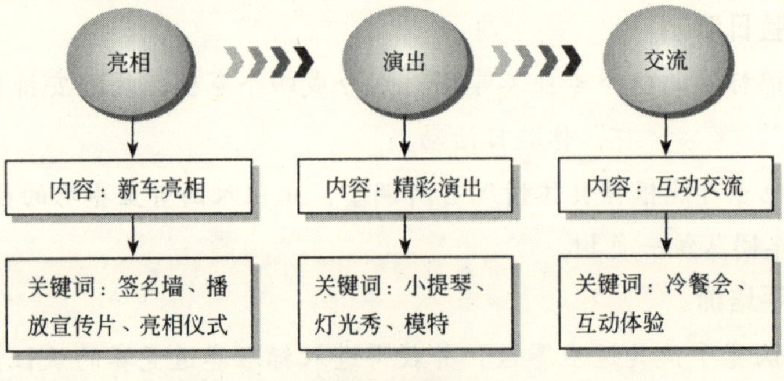

活动流程图

活动时间表如下表所示。

活动时间表

时间	内容
14：00～14：30	来宾签名、入场
14：30～14：35	主持人开场
14：35～14：40	领导一致辞
14：40～14：45	领导二致辞
14：45～14：50	新车宣传短片
14：50～14：53	灯光秀
14：53～14：54	新车亮相（可配合设置对比车型××）
14：54～15：00	钢琴/小提琴伴奏+模特表演
15：00～16：00	主持人宣布冷餐会开始，由技术人员进行新车介绍，来宾可自由赏车
16：00以后	活动结束

八、流程描述

1.签到及礼仪安排（亮点一）

内容	时间	描述
来宾签到	30分钟	（1）所有来宾到场后，由礼仪小姐引导至签名区，签名区由礼仪小姐递上签字笔，每位来宾在特制的签到墙上留下珍贵的签名，贵宾由礼仪小姐系上独有的手腕花 （2）礼仪小姐由专业模特担任，体现出活动的高品质。着装采用美丽大方的礼服，以增加活动的气氛

2.领导致辞

内容	时间	描述
领导致辞	10分钟	讲话：待定 运行：礼仪小姐引导嘉宾上台 背景：嘉宾上台时雄壮的音乐打造现场气氛

3.宣传片（亮点二）

内容	时间	描述
宣传片	5分钟	（1）准备新车型的宣传片，利用场景布置中的大型荧幕，向与会来宾展现出新车型的品牌及文化形象 （2）大型的投影屏幕给来宾以视觉冲击力

4.新车亮相（亮点三）

内容	时间	描述
灯光秀 新车亮相 钢琴+模特	10分钟	（1）大屏幕宣传短片播放完毕，余兴未尽，配合激昂的背景音乐 （2）音乐达到高潮，所有灯光效果集中于遮掩新车的绸质纱缦上，突然纱缦垂下，烟机等配合渲染效果 （3）纱缦垂下瞬间，新车旁的钢琴声响起，配合车模的现场走秀，演绎新车型商务风范

新车亮相时，由小提琴配合车模演艺××品牌诉求与文化内涵，整体环节与新车亮相相衔接紧密，同时配合一定的灯光效果，突出新车，表演者与××品牌浑然一体而不喧宾夺主。

5.冷餐会

内容	时间	描述
冷餐会 新车介绍及对比	60分钟	（1）发布结束，主持人宣布冷餐会开始，来宾可自由赏车，自由交流。其间专业技术人员配合大屏幕PPT进行技术讲解，车模在车旁配合讲解过程，当讲到车的某个部位时，车模配合指引 （2）邀请4名专业调酒师、糕点师（可选择合人商莫菲蛋糕），现场进行花式调酒、制作糕点表演，为来宾制作精美的甜点

为了营造现场轻松和谐的氛围，方便来宾的会后交流，现场为来宾准备少量的饮料品尝，同时安排专业的糕点师现场表演。

九、细节策划

1.手腕花

为了体现来宾的尊贵，向每位与会的来宾提供一个手腕花，增加活动的气氛，让来宾体会到高品质的服务感受。

2.礼品

所有来宾到达后签到时，由工作人员向每位来宾赠送一份精美的纪念品，并提供××汽车的资料袋。充分体现××汽车对来宾的亲切关爱和周到服务。

十、活动视觉

1.签到区

（1）位置：签到区设置在宴会厅外，搭建6米×3米的大型签名背景墙，签名背景墙前方设置不等高的步梯，方便来宾签名。

（2）设置方式：签名背景墙设置于签到处的一侧，采用木制结构。

（3）服务：签名背景墙前方配备2名身着晚礼服的礼仪小姐，提供周到细致的服务。

2.会场区

（1）主舞台：主舞台中央采用大型的屏幕（4米×3米）投影机，根据活动的具体时间流程变换不同的背景画面；屏幕两侧面设置冰纱特殊造型，可投射计算机灯图案：背景右侧前方设置讲台，背景左侧前方设置展示车辆，车旁配合钢琴，亮相前车辆和钢琴由弧形的冰纱遮挡；舞台上铺设灰色地毯。

（2）来宾区：来宾区四周调协少量的沙发供来宾休息；来宾区右侧布置餐台；所有来宾在活动进行时可随意走动、交流，营造冷餐会的轻松和谐的氛围。

（3）其他设施：来宾区的左侧设置灯光、音响、视频的控制台。

3.其他设置

指示系统：从大厅到活动场地的各角落设置明显的指示系统，导示来宾的行动方向。

4.平面规划

（略）

十一、应急方案

1.现场设置保安人员，及时处理突发事件。

现场安全工作分配如下。

（1）安全控管1名。

（2）保安总负责人1名。

（3）活动场地外围站位2名。

保安人员工作时间为14：00～18：00，直到所有人员离开现场为止。

2.确保场地电力资源安全，保证活动的顺利进行。

十二、活动预算

（略）

【范本】××汽车4S店新车上市发布会

一、活动主题

××汽车新车上市发布会。

二、活动时间

（略）

三、活动地点

（略）

四、参与人员

厂商代表、媒体人员、潜在客户、老客户、行业人士。

五、邀请方式

电话邀请、请柬派送。

六、活动内容

热场节目＋领导讲话＋新车亮相＋新车讲解＋品酒赏车＋媒体见面会。

七、活动目的

1.××汽车上市，利用震撼力的媒体和促销手段，充分传达××汽车上市信息，让客人切实感受到新车所带来的新鲜感受。

2.结合××市区域特点，通过个性的系列活动，吸引社会公众关注。扩大××品牌市场影响力。

3.邀请××市主流媒体记者、业内人士、新老客户等参与活动来扩大影响，增加4S店与媒体、行业人士的沟通。

八、现场布置

位置	所需物料	安排人员	操作
展厅门口	指示牌、红地毯	2名礼仪	铺设通向会场的红色地毯，并在展厅门口处摆放指示牌，指引来宾顺地毯方向进入会场签到处
展厅入口（推拉门处）签到处	签到桌、签到墙（2米×3米）	2名礼仪	来宾在签到册上签到，在签到墙上留名，由礼仪小姐引领入场
入场通道	红地毯	2名礼仪	红地毯铺设至会场，礼仪小姐在拐角处指引方向
会场入口	—	2名礼仪	礼仪小姐站立，手势欢迎
舞台	红地毯、麦克风支架、主背景、演讲台、投影幕布、绿植	—	红地毯覆盖舞台、中央放置麦克风支架，右侧面放置演讲台，舞台正面主背景搭建，主背景两侧悬挂投影幕布
舞台左边	音响设备，演员休息区	音乐DF	音响设备布置在舞台两侧，音响控制台在舞台左侧，至门口区域位演员休息区
会场顶部	PS吊旗	—	顶部悬挂串旗
会场地面	红地毯（待测）	—	全部红地毯覆盖
展车位	红地毯×2，红绸盖×2	2名车模（一男一女）	展车位红地毯覆盖，与其他位置区分，一对男女车模进行展示
餐饮区	一张长条餐桌，媒体采访区桌牌	2名礼仪小姐	会场划分展车区、餐饮区，中间用帏布隔开，礼仪小姐提示展示时刻不能进餐饮区
展厅正门上方	上市条幅（2米）	—	悬挂条幅布
展厅玻璃	单透喷绘画玻璃幕（2米）	—	
展厅至园区正门大道两侧	广告灯箱一个	—	写明展厅位置及车辆图片
园区正门外两侧	每侧4个空飘，下挂2米长上市条幅	—	气球充氢气

九、活动流程

时间	环节	内容	备注
9：30	准备就绪	现场布置完毕，人员到位	
9：30～10：00	客户签到	礼仪小姐引领签到，休息区休息	播放PS广告音乐
10：00	弦乐四重奏	节目热场	
10：05	主持人	开场白介绍此次活动	
10：08	领导致辞	总经理讲话（可增加贵宾讲话）	发言稿
10：12	新车揭幕	总经理、贵宾揭幕	礼花，音乐
10：20	模特走秀	从车里走出，围绕新车走秀	音乐

续表

时间	环节	内容	备注
10：20	新车介绍	销售顾问做卖点介绍	模特配合
10：25	新车交付	首位购车用户钥匙交付仪式	气球、钥匙
10：32	客户感言	用户代表感言	赠奖品
10：35	回馈抽奖	互动游戏，抽号猜奖	音乐
10：42	上市仪式结束	主持人作上市仪式结束语，嘉宾自由取用香槟及西点	
10：50	小提琴演奏	销售顾问引导嘉宾赏车	
10：55	播放宣传片	嘉宾自由赏车	
11：30	嘉宜准备就餐	上午活动结束	

十、活动预算

（略）